DESPERTAR

HAROLDO DUTRA DIAS

DESPERTAR

O segredo da
reforma íntima

intelítera

SUMÁRIO

1. CAUSAS DAS AFLIÇÕES 7
2. JUSTIÇA DIVINA 37
3. NOSSA RELAÇÃO COM DEUS 53
4. O SEGREDO DA REFORMA ÍNTIMA 75
5. A FELICIDADE É DESTE MUNDO? 107
6. DESCOBRINDO QUEM EU SOU 125
7. PENSAMENTO E VIDA 145
8. FRAQUEZAS DA ALMA 165
9. QUAL O SENTIDO DA SUA VIDA? 187
10. EDUCAR SENTIMENTOS 205
11. É TEMPO DE RENOVAR 219
12. BEM-AVENTURADOS OS MANSOS E PACÍFICOS PORQUE ELES HERDARÃO A TERRA 243
13. O HOMEM DE BEM 263
14. PÁTRIA DO EVANGELHO E TRANSIÇÃO PLANETÁRIA 277
15. TRABALHADORES DA ÚLTIMA HORA 309

Se Deus existe,
se Ele é justo,
por que Ele
permite que os
maus tenham
sucesso e os
bons sofram?

CAPÍTULO 1

CAUSAS DAS AFLIÇÕES

Há algum tempo, nós escutávamos uma entrevista de um grande cientista, pessoa dotada de inteligência incomum, alguém que se destacava em sua área de conhecimento pelas realizações e pelo talento intelectual de que era portador. Todavia, esse cientista se dizia ateu e confessava ter rompido totalmente suas relações com Deus e com a religiosidade, e fazia tal afirmação com bastante seriedade. Não se tratava de alguém que debochava ou criticava a religião gratuitamente. Era alguém que de fato havia vivido uma experiência profundamente dolorosa que deixara marcas e cicatrizes em sua alma e que, em suas reflexões, utilizando aquilo que a sua inteligência podia dispor naquele momento, tomara a decisão de romper com tudo que dizia respeito à religiosidade e à espiritualidade.

E quando perguntado porque ele havia rompido com a religião, ele disse de maneira muito sincera: *Rompi porque a religião não explica a dor, e se há um Deus, se de fato existe um Deus, Ele não poderia permitir certas dores que ocorrem com algumas pessoas.*

A sua fala representava quase um desabafo, um pranto de alguém magoado com a vida, de alguém que de fato sofrera um golpe muito profundo e duro da vida, e que se fez uma pergunta: *Se Deus verdadeiramente existe por que Ele permitiu que isso acontecesse comigo?*

Essa talvez seja a grande questão da humanidade, e não há como fugir dela. Nós podemos dar respostas provisórias, superficiais, mas chega um momento em que cada um de nós passa por uma situação de perda, de dor e de sofrimento. E surge essa pergunta, em muitos até mesmo uma dúvida, em outros até uma crise de fé, uma crise existencial. Por quê? Às vezes, podemos ter a impressão de que, se a dor fosse comparada a uma safra de soja, Deus teria distribuído os grãos de modo desigual. Porque quando nós examinamos a vida do berço ao túmulo, parece que alguns receberam cota maior de sofrimento, ao passo que outros têm dose mais generosa de felicidade e de sorte.

Outro ponto que nos chama atenção é que algumas pessoas, recém-nascidas, enfrentam de início um caminho árduo e doloroso, mal chegam ao mundo e se deparam com o sofrimento extremo. São crianças que passam por cirurgias, que enfrentam o câncer, ou que vêm até mesmo a falecer por uma doença. Podemos ainda pensar nos assassinatos, nas perdas afetivas, na desencarnação de um ente querido, no revés financeiro, nas situações mais diversas. Chega o dia em que nós teremos de encarar a dor, contudo, há algumas criaturas que, desde o dia que nascem até o dia do túmulo, encaram a face da dor todos os dias.

Se Deus existe,
Ele vê a dor?
Ele acompanha?
Se Ele acompanha,
por que permite?

Há um aspecto ainda mais intrigante por trás disso tudo. Algumas criaturas, apesar de seu mau caráter, apesar de praticarem o mal, não obstante a sua violência e a sua maldade, prosperam, têm sorte, se dão muito bem. Ao passo que outras, extremamente honestas, totalmente morais e de comportamento irrepreensível, enfrentam circunstâncias dolorosas.

Surge a inevitável pergunta: Se Deus existe, se Ele é justo, por que Ele permite que os maus tenham sucesso e os bons sofram?

Algumas respostas foram dadas a essas perguntas, mas elas não foram capazes de convencer e, muito menos, de consolar. Dentre essas respostas uma merece destaque: é aquela que promete uma espécie de recompensa ou de reequilíbrio em um paraíso, em um destino após a morte. Muitas filosofias e correntes religiosas afirmam: *Não tem problema estar sofrendo aqui agora, você vai para o paraíso, tem algo bom o esperando.* Porém, essa resposta não convence totalmente, porque parece que o preço da passagem não é igual.

Alguns pagam caro para entrar nesse trem que conduz ao paraíso, sofrem desde o nascimento, mas outros têm vida normal e também vão para o paraíso, para o mesmo hotel cinco estrelas. Onde, então, estaria a justiça de Deus?

Em 1857, o governador espiritual da Terra enviou ao mundo o Consolador prometido, cuja missão seria esclarecer a mente humana e consolar os corações que sofrem. Como? Por meio de explicações racionais, claras, diretas, objetivas, de modo a proporcionar aos seres que enfrentam sofrimento em suas vidas sensação real e profunda de que não estão sozinhos. São acompanhados e amparados por outros corações que muito os amam. E dentre os inúmeros trabalhos que foram entregues às mãos do codificador da Doutrina Espírita, um foi especial, porque foi direcionado a responder essas graves questões. Trata-se de O *Evangelho Segundo o Espiritismo*[1].

No capítulo 5 "Bem-aventurados os aflitos", Kardec aborda esse grande tema – o tema do sofrimento, da dor, da distribuição desigual do sofrimento dentre os seres humanos, da prosperidade dos maus e da provação dos justos.

E escreveu, especialmente no item 4: Causas atuais das aflições. E no item 6: Causas anteriores das aflições. Como se tivéssemos dois grandes celeiros para fazer a colheita.

---
1 Allan Kardec. *O Evangelho Segundo o Espiritismo*. FEB Editora.

> *Algumas dores por nós vividas têm sua fonte nesta vida, outras dores só podem ter a sua causa em outras existências.*

Desse modo, o codificador, amparado pelo ensino dos espíritos acerca das múltiplas vidas, trazia o tema da reencarnação, que é inevitável se quisermos entender a dor neste mundo. Vamos iniciar a nossa reflexão pelo primeiro item. Ensina Kardec: "De duas espécies são as vicissitudes da vida, ou, se o preferirem, promanam de duas fontes bem diferentes, que importa distinguir. Umas têm sua causa na vida presente, outras, fora desta vida. Remontando-se à origem dos males terrestres, reconhecer-se-á que muitos são consequência natural do caráter e do proceder dos que os suportam. Quantos homens caem por sua própria culpa! Quantos são vítimas de sua imprevidência, de seu orgulho e de sua ambição!"

E Kardec coloca um marco para nossa reflexão, e por essa razão O *Livro dos Espíritos*[2] conta com uma terceira parte – que se refere às leis morais – que significa que toda imperfeição gera um sofrimento,

---
2 Allan Kardec. *O Livro dos Espíritos*. FEB editora.

toda deformidade de caráter produz uma aflição, todo comportamento injusto atrai sofrimento para nossa vida, toda deficiência na nossa formação moral trará algum tipo de angústia e de provação.

As causas estão em nossa intimidade, e podemos pensar quanto sofrimento nos traz a impaciência, o orgulho, o egoísmo. Quanto sofrimento nos traz a violência, que ainda carregamos em nosso interior.

Na obra *Religião dos Espíritos*[3], no capítulo denominado "Examina a própria aflição", Emmanuel salienta: "A aflição do egoísmo chama-se egolatria". Porque ser egoísta dói. A pessoa pode pensar que não, mas sofre. Por quê? Porque a felicidade está em compartilhar, não em usufruir sozinho. Imagine-se de posse de todos os seus desejos e enviado para uma ilha deserta, sem ninguém, somente você. Seria feliz? Não. Você precisa pelo menos de alguém para contar o que ocorre em sua vida.

O egoísta sofre porque vive uma vida exclusiva que gira em torno si mesmo. E quanto mais egoísta ele se torna, mais as pessoas se afastam dele. É uma aflição. E inúmeras vezes, diante da aflição, ele se volta para Deus e questiona:

– Por que você me escolheu para sofrer tanto?

---

[3] Francisco C. Xavier/Emmanuel. *Religião dos Espíritos*. Cap. 10. FEB Editora.

E recebe de Deus a resposta em forma de pergunta:

– Meu filho, mas por que você é tão egoísta?

As aflições

A aflição do vício chama-se delinquência. A criatura começa experimentando pequena porção de droga, aumentando gradativamente. Em pouco tempo, pode estar roubando para sustentar o vício. É um sofrimento.

A aflição da agressividade chama-se cólera, e a cólera faz mal para a pessoa que a produz – prejudica o fígado, ataca o estômago e afeta o sistema nervoso. A aflição do crime chama-se remorso, porque ninguém foge da própria consciência. A aflição do fanatismo chama-se intolerância. A aflição da fuga chama-se covardia. A aflição da leviandade chama-se insensatez. A aflição da inveja chama-se despeito, pois o invejoso sofre tanto que, antes de tudo, não consegue mais reconhecer valor no que ele tem, ou seja, não consegue ser feliz com aquilo que já conquistou, o que representa sofrimento.

A aflição da indisciplina chama-se desordem. Há criaturas que são tão indisciplinadas que a vida delas é uma total desordem. Elas não conseguem sequer chegar no horário de um compromisso. Nunca encontram seus pertences, porque jamais põem no lugar adequado. Estão sempre afoitas. Tudo para elas é difícil. E quem sofre mais é a própria pessoa. Por isso, Chico Xavier dizia:

> *A disciplina não é*
> *uma cela trancada.*
> *É a chave da porta que lhe*
> *permite sair e voltar.*

A aflição da brutalidade chama-se violência. A aflição da preguiça chama-se rebeldia. A aflição da vaidade chama-se loucura. A aflição do relaxamento chama-se evasiva. A aflição da indiferença chama-se desânimo. A criatura indiferente não se motiva com nada e é tomada por tédio insuportável, porque não consegue se importar com as coisas, e nós precisamos gostar das coisas. Você precisa ter algo de que goste ou gostar de fazer algo, caso contrário sofrerá de tédio, sua vida perderá o sentido, você perderá o rumo e entrará em sofrimento, em aflição.

A aflição da inutilidade chama-se queixa. Ainda em *Religião dos Espíritos,* o benfeitor Emmanuel é incisivo ao afirmar que, quanto mais inútil uma criatura, mais ela reclama. Quem mais reclama é quem menos faz. Quem mais faz não tem tempo de reclamar.

A aflição do ciúme chama-se desespero. Quantas criaturas chegam até mesmo a se suicidar pelo ciúme, é um sofrimento terrível. A aflição da impaciência chama-se intemperança. Porque quem é impaciente perde a medida, exagera em tudo.

A aflição das sovinices chama-se miséria. De acordo com Emmanuel, "o sovina é pão-duro", pois quanto mais sovinice ele tem, mais se impõe uma vida de restrição, porque não sabe aproveitar o que já tem.

A aflição da injustiça chama-se crueldade.

Causas atuais das aflições

Cada criatura tem a aflição que lhe é própria. É por isso que o Espiritismo, em sua condição de Consolador prometido, vem esclarecer e consolar nossas dores. E o primeiro ponto a ser esclarecido é: a maior parte de nossos sofrimentos tem sua causa na vida atual e está relacionado ao nosso caráter. Por essa razão, o que propõe o Espiritismo? A terceira parte de O Livro dos Espíritos, as leis morais, propõe renovação moral, transformação do caráter, absorção de valores. Valores morais e espirituais que pacifiquem o nosso coração, que nos deem sabedoria para viver. Viver bem. Essa é a primeira grande reflexão.

Desse modo, diante de uma provação ou sofrimento, nós devemos nos perguntar: *O meu caráter, a minha condição moral contribuiu em quantos por cento para esse sofrimento? Contribuiu em quê?*

Em vista disso, Kardec chegou a escrever em *O Céu e o Inferno* um item denominado "Código penal da vida futura". Trata-se de um artigo interessante em que ele numera e explica que:

Para cada imperfeição moral que nós temos, há um sofrimento.

Comecemos, pois, a entender a afirmação de Kardec elencando dois exemplos simples: inicialmente, o caso de uma pessoa desatenta e indisciplinada. Trata-se de uma imperfeição. Ela tem de chegar ao trabalho às 7 horas, mas acorda faltando cinco minutos para sete. Em três minutos ela se apronta, mas não sabe onde colocou a chave do carro. Faltando meio minuto para sete ela sai, porém esquece que está a vinte quilômetros de distância do trabalho. Por sua vez, reclama que neste mundo não dá para viver, porque há muito trânsito. E a criatura, por sua vez, inicia o seu dia amarga. Quando ela chega ao trabalho já está mal.

– Bom dia!

– Bom só se for o seu, porque o meu...

Mas, se essa pessoa aplicar os ensinos morais do Espiritismo em seu coração determinará um lugar para colocar a chave do carro e anotará um bilhetinho "chave do carro" e não irá mais esquecer. E acordará mais cedo. Com tempo de sobra, tomará um café em paz, fará a sua prece, pegará a chave que estará sempre no mesmo lugar e chegará tranquila ao seu local de trabalho.

Nós estamos dando um exemplo simples que pode ser aplicado a toda vida. Um dos temas que mais geram aflição em nossa vida referem-se aos relacionamentos, em sua maioria, e a maior parte das aflições são consequência de nossas imperfeições morais. Por isso, algo me chama bastante atenção nos padres jesuítas, eles têm um hábito que é muito curioso. Quando chega o final do ano, eles dividem a comunidade em que trabalham em grupos geralmente de dez pessoas e aplicam um amigo oculto. Como é feito esse amigo oculto? Cada padre tem de fazer uma lista com dez virtudes e dez defeitos de seus companheiros. Por sua vez, cada pessoa recebe nove listas, sem serem identificadas, onde foram listados os seus defeitos e virtudes.

Se imagine na condição desse padre, provavelmente, ao receber as suas listas elaboradas por pessoas que com você convivem, você pensa: *Não, eu não tenho defeito, está havendo algum equívoco.* Embora, esse defeito apareça nas nove listas, você insiste: *Não é possível que eu tenha esse defeito*. Ainda que o defeito seja o primeiro das nove listas, nós não o enxergamos. Mas, o inverso é também verdadeiro, pois com frequência não enxergamos as nossas qualidades: *Eu não sabia que tinha essa qualidade*.

Vou citar mais um exemplo, antes de abordarmos o próximo tópico: as causas anteriores das aflições. Hoje, é muito comum assistirmos ao jornal e ouvirmos que alguém foi preso. E quando tomamos conhecimento de tais fatos, sentimos certa raiva, e pensamos: *mas é um absurdo esse fulano*. Não nos atentamos à aflição que essas criaturas criaram para suas vidas, nesta vida.

Mas, um caso despertou especialmente meu interesse, o de um desses sujeitos que vivem aqui no Brasil se escondendo e que tinha 20 milhões na Suíça. Na reportagem, contudo, o que mais chamou minha atenção não foi a questão do dinheiro na Suíça, mas o envolvimento do sujeito com a prostituição. Ele começou narrando acerca dos encontros e jantares em restaurantes muito sofisticados, de onde combinavam propinas etc. etc., e as visitas às casas de prostituição de luxo, após os jantares. Ele aceitou o convite e foi a primeira noite, foi a segunda, a terceira, a quarta, a quinta, a sexta, a 25ª, 130ª, 140ª vezes, até que chegou ao ponto de precisar comparecer todos os dias.

Mas, em vez de relatar o fato como uma vantagem, até porque nessa altura já tinha perdido tudo, pois fora confiscado e estava respondendo a processo; ele contava com sofrimento: *Eu fiquei viciado, não conseguia deixar de ir, então, eu tinha de conseguir cada vez mais propina para pagar o valor altíssimo das boates de luxo todos os dias.* Entretanto, a situação se agravou, porque o mal é exponencial, pois inicialmente ele começa inocente, depois de certo tempo você está completamente enredado nessa teia.

E chegou certo momento em que o sujeito não apenas precisava ir à casa de prostituição todos os dias, como chegava às 7 horas da noite e saía às 6 horas da manhã, ou chegava às 10 horas da noite e saia às 5 horas da manhã. O sexo havia se transformado em vício, em sofrimento. Aquele indivíduo estava tão envolvido no vício que não tinha mais força para sair daquela situação, o que consiste em aflição. E essa é a aflição que tem sua causa na intimidade da criatura, em suas deficiências morais. Daí, a proposta renovadora do Espiritismo. Emmanuel[4] faz uso de uma frase firme, mas pedagógica:

---

4 Francisco C. Xavier/Emmanuel. *Fonte Viva*. Lição 110: Vigiemos e Oremos. FEB Editora.

*Mais vale chorar
sobre os grilhões, sobre as
algemas da resistência, do que
sorrir sobre os narcóticos
da queda.*

Porque quem está em queda moral está sempre sorrindo. Vai perceber depois, mas enquanto cai, sorri porque está sob o efeito de uma droga moral. Posteriormente, as consequências virão.

Causas anteriores das aflições

Por se tratar de uma reflexão profunda, é importante o papel transformador do Espiritismo. Mas, para isso, salienta Kardec no capítulo "Sede perfeitos", de O *Evangelho Segundo o Espiritismo*: "O Espiritismo precisa ser bem compreendido, mas sobretudo bem sentido", porque se ele não entrar em nosso coração, não faz a obra renovadora que está proposta. E prossegue Kardec no item 6 do capítulo 5, "Bem-aventurados os aflitos": "Mas, se há males nesta vida cuja causa primária é o homem, outros, há também aos quais, pelo menos na aparência, ele é completamente estranho, e que parece atingi-lo como que por fatalidade, tal por exemplo a perda de entes queridos, a perda daqueles que são amparo da família, tais ainda os acidentes que nenhuma previsão poderia impedir, os revezes da fortuna que frustram todas as precauções, aconselhadas pela prudência, os flagelos naturais, as enfermidades de nascença, sobretudo as que tiram a tantos infelizes os meios de ganhar a vida pelo trabalho, as deformidades, a idiotia, o cretinismo etc. Todavia, por virtude do axioma, segundo o qual todo o efeito tem uma causa, tais misérias são efeitos que hão de ter uma causa e desde que os efeitos precedendo sempre a causa, se esta não se encontra na vida atual, há de ser anterior a essa vida, isto é, há de estar numa existência precedente".

Há males para os quais a pessoa em nada contribuiu, ela é subitamente atingida pela adversidade (doenças, abandono de um ser amado, revés financeiro etc.). Sua vida parece se transformar, perder sentido, e repentinamente ela passa a enfrentar sofrimento indescritível. Por mais que ela tenha agido com prudência, seriedade, honestidade não foi suficiente para poupá-la daquele sofrimento que parece chegar gratuitamente. Nesse momento, é que o Espiritismo apresenta a sua mais alta dose de consolação ao espírito humano dizendo:

Nós não somos o resultado de uma só vida.

Uma só vida é insuficiente para explicar a vida, é pouco tempo para você gostar tanto de uma pessoa quando encontra com ela pela primeira vez, ou o contrário, gostar tão pouco de alguém quando encontra com ele pela primeira vez. É ainda pouco tempo para você ter um dom ou uma habilidade que, às vezes, requer várias vidas para ser conquistada.

Por sua vez, vem o Espiritismo e nos explica acerca de nossas múltiplas existências, todas elas solidárias. Podemos comparar nossa vida a uma novela, em que cada existência representa um capítulo, ou se preferir, a um seriado, em que cada existência representa um episódio. Talvez você esteja reencontrando hoje, na fila do banco, alguém que prejudicou há setecentos anos, ou alguém com quem construiu uma belíssima história há mil e quinhentos anos. Talvez hoje você esteja vivendo uma situação de dor para a qual tem sido preparado há dois mil anos e somente agora tem condição de suportar. As existências são solidárias. Elas se unem, e nós não podemos cometer o equívoco de avaliar uma criatura pelo corpo.

Você olha uma criança de 2 anos de idade e pensa: *Mas ela tem apenas 2 anos*. Isso porque você está olhando apenas para o corpo. Todavia, há naquele pequeno corpo um espírito imortal, herdeiro de centenas e centenas de existências, repleto de experiências boas e de outras nem tanto, com imperfeições e virtudes, habilidades e inabilidades, e que nasceu com certo propósito.

No livro *Ceifa de Luz*[5], psicografia de Chico Xavier, capítulo 27, Emmanuel esclarece: "No limiar do berço pede a alma dificuldades e chagas, amargores e cicatrizes, entretanto, recapitulando de novo as próprias experiências no plano físico torna à concha obscura do egoísmo e da vaidade, enquistando-se na mentira e na delinquência. Aprendiz recusando a lição ou doente abominando o remédio, em quase todas as circunstâncias, o ser humano persegue a fuga que lhe adiará indefinidamente as realizações planejadas".

Nenhum de nós nasce sem planejamento, e esse planejamento é simples: estar melhor quando for embora do que quando aqui chegou.

---

5 Francisco C. Xavier/Emmanuel. *Ceifa de Luz*. Cap. 27: "Aflição e tranquilidade". FEB Editora.

Isso implica eliminar imperfeições, vícios ou débitos, o que significa passar por muitas aflições. Algumas delas foram pedidas. Costumamos até pedir demais antes de encarnar: *Quero passar por isso, quero passar por aquilo*, e os espíritos advertem: *Vá com calma, vá devagar*. E quando aqui chegamos fazemos a prece e pedimos: *Olha eu queria rever, não dá para diminuir aí em 20%?*

Continua com propriedade Emmanuel: "Valoriza a aflição de hoje, aprendendo com ela a crescer para o bem que nos burila para a união com Deus, porque o mestre que te propões a escutar e seguir em vez de facilidades no imediatismo da Terra, preferiu para ensinar-nos a verdadeira ascensão, a humildade da Manjedoura, o imposto constante do serviço aos necessitados, a incompreensão dos contemporâneos, a indiferença dos corações mais queridos e o supremo testemunho do amor em plena cruz da morte".

Realmente, nós podemos dizer que para enfrentar as aflições, cujas causas estão em vidas anteriores, nós precisamos permitir que o Espiritismo entre em nosso coração, pois se ele entra apenas em nossa cabeça não ficamos em pé. Em momentos de sofrimento extremo não adiantam palavras, não adiantam explicações. Você não pode chegar em um velório, onde uma mãe está enterrando um filho de dois anos, e dizer para ela: *Olha, deve ser algum débito dele*, ou fazer uma palestra de meia hora no velório; isso não alimenta a alma. É por isso que Emmanuel nos ensina: "A inteligência sozinha é como uma placa no deserto indicando a direção, o peregrino sedento e desorientado lê a placa e se orienta, mas morre de sede no caminho". O sentimento, a bondade e o amor, sozinhos, são como um poço de água no deserto. O peregrino sedento e desorientado vem e mata sua sede, mas se perde, porque está desorientado.

Portanto, é preciso conjugar a placa e o poço de água, esclarecer e consolar. Nos momentos em que encontramos as aflições, precisamos de consolo, de alimento para o coração. Nós precisamos de força, de coragem e isso somente quem ama é capaz de proporcionar.

Conta-se que Francisco de Assis e um frade amigo decidiram fazer uma visita a outro convento. Após muito caminharem no inverno rigoroso da Itália, e quase congelando, bateram àquela porta enorme do convento. Por meio de uma pequena janela, um monge olhou e perguntou:

– Quem é?

– É Francisco, nós queremos entrar.

– Francisco o quê? E fechou a janelinha.

O monge que acompanhava Francisco de Assis sentou na neve e começou a chorar.

– Agora nós vamos morrer.

E Francisco de Assis começou a pular, a cantar e a brincar com a neve. O frade, por sua vez, desabafou:

– Ficou doido, Pai Francisco? Eu não estou entendendo. Será que você não está vendo que nós vamos morrer?

– Meu filho, eu esperei a vida inteira por esse momento.

– Para quê? Para morrer?

– Você não percebeu que agora não tem nenhum ser humano que possa nos ajudar?

– Claro, por isso eu estou chorando.

– Meu filho, você não percebeu que agora nós estamos, você e eu 100% nas mãos de Deus? Foi o que eu busquei minha vida inteira, nós estamos agora 100% nas mãos de Deus.

É evidente que os dois religiosos não morreram. Em pouco tempo, a porta se abriu, eles foram identificados e adentraram o convento.

A bela narrativa nos serve de reflexão. Quando a aflição vem do passado e nos alcança nesta vida há apenas um remédio – entregar-se a Deus e confiar. Confiar que as circunstâncias que expressam a vontade divina vão se alterar, que há um propósito velado em tal acontecimento, que os sofrimentos são como uma tempestade, não duram para sempre, e que algo, mesmo que não seja previsível, irá acontecer naquele momento.

É preciso confiar, porque fé não significa acreditar. Se fé fosse acreditar, não brigaríamos com Deus quando estamos sofrendo.

Quem já não brigou com Deus? Você entra, fecha a porta e fala: *Quero ter uma conversa com você, séria. Eu não sei como é que está a administração aí em cima, mas aqui está um caos.* Você briga com Deus e fica com raiva, fica revoltado.

Fé é confiar.

É esse o grande ensinamento que propõe a Doutrina Espírita – uma fé que não é cega, que não se trata de um confiar próprio de uma criança. É uma fé raciocinada. Você confia porque tem uma base. Você não sabe o porquê, qual é a razão exata daquele sofrimento, mas sabe que há uma razão, que há uma lei divina, que existem múltiplas existências e que elas são todas solidárias. Confiar significa você desligar o carro da sua vida, abrir a porta e entregar a chave para Deus e dizer: *Agora é você que dirige, está em suas mãos, eu confio.* Essa é a fé que move montanhas, a verdadeira experiência de religiosidade, isso é religião de verdade. O resto é treino.

No mais, todas as demais práticas são apenas oportunidades concedidas pelo Criador para adquirirmos provisão, preparo espiritual e, portanto, enfrentar os momentos de dificuldade, quando teremos de, verdadeiramente, confiar, entregar.

O remédio para as aflições

E, por circunstâncias que nem sempre nós somos capazes de entender ou explicar, a vida se renova. É por isso que nos disse Jesus no capítulo 11, versículos 28 a 30 em O *Evangelho de Mateus*: "Vinde a mim todos os cansados e sobrecarregados, e eu vos darei descanso. Tomai sobre vós o meu jugo, e aprendei de mim, porque sou brando e humilde de coração, e encontrareis descanso para vossas almas. Pois, o meu jugo é suave e o meu fardo é leve".

O que significa jugo? O jugo consiste em uma peça de madeira utilizada para unir dois bois ou jumentos, de modo que andem em mesma marcha enquanto aram a terra. E o jugo de Jesus, o que quer dizer?

Não deixar que você desvie do caminho. É você andar somente na direção em que está sendo conduzido. O jugo do Cristo é o conteúdo moral de sua lição. Significa o remédio para as causas atuais das aflições. Você quer diminuir 70% do sofrimento de sua vida?

Evangelize seu coração. Isso é aceitar o jugo de Jesus, a orientação dEle. Desse modo fica mais fácil.

Nós temos um caso célebre para exemplificar. Chico Xavier sempre gostou muito de animais e ele tinha um cachorro que era a sua alegria. Todos os dias, ao retornar tarde da noite para casa o seu prazer era alimentar o cachorro e passar alguns momentos com ele. O bichinho se tornou quase um membro da família. Porém, o animal adoeceu e alguém quis ajudar: *Oh, coitado do Chico, vou resolver isso, vou matar esse cachorro*. Imagine a situação: você tem um animal de estimação, ele fica doente e alguém diz: *Nossa, estou com tanta pena do fulano, eu gosto tanto dele que vou acabar com esse sofrimento*, e mata o seu animal.

Desse modo, Chico, certa noite, ao adentrar a casa encontrou o seu cachorro morto. Posteriormente, ele descobriu o autor e ficou magoado. E o tempo passou, e a mágoa continuava ali em seu coração, até que um dia Emmanuel o chamou:

— Olha Chico, precisamos conversar sobre uma questão séria. Você está com uma mágoa no coração que está gerando uma nuvem escura ao redor de seu peito, no chakra cardíaco, e está atrapalhando as atividades mediúnicas.

— Meu Deus, Emmanuel, o que eu faço?

— Você sabe quem matou o seu animal, não sabe?

– Sei.

– Você vai descobrir o que essa pessoa mais gostaria de ganhar e vai comprar para ela.

E Chico asseverou:

– O senhor não deve estar falando sério. A pessoa me ofendeu, matou meu cachorro, e o senhor ainda quer que eu dê um presente para ela?

– Chico, a receita não é minha, é do Cristo. É o jugo de Jesus.

E, assim, Chico descobriu o desejo da pessoa – era uma máquina de costura caríssima – e ele a comprou, parcelou e deu de presente. A pessoa, ao receber o presente, ficou tão feliz que emanou uma luz que saiu de seu peito, em direção ao Chico, eliminando todas as sombras que estavam no peito de Chico. Nessa hora, Emmanuel apareceu e disse:

– Viu Chico, a receita é do Cristo.

Perdoe. É o jugo. Porque você pode desenvolver um câncer por causa da mágoa. Porém, a pessoa que o prejudicou vai continuar vivendo, porque o acerto dela é com a lei divina. Mas, e você? É o jugo. Por isso, o jugo do Cristo é suave. Por que é suave? Porque o duro é odiar. Perdoar é muito difícil, mas odiar é mais difícil ainda. O ódio algema. Alguns dizem: *Você quer vir com uma pessoa nas próximas 20 encarnações? Você quer que uma pessoa permaneça ao seu lado, passe vinte e quatro horas por dia junto com você?* Então, odeie. Mas, se você amar, irá se libertar. O perdão é mais suave. Do mesmo modo que a humildade é mais suave do que o orgulho.

> *O ódio é doce quando*
> *você põe na boca e amargo*
> *para o resto da vida.*
> *O perdão é amargo*
> *quando você põe*
> *na boca, mas depois*
> *fica doce feito mel.*

E o fardo do Cristo é leve, por quê? O fardo que Jesus coloca sobre nós é o fardo dos nossos deveres. E quem cumpre o dever se liberta. Quem aceita as aflições ilumina os caminhos futuros. Por isso, que é leve. Vale mais cumprir os deveres, aceitar com humildade, "com brandura e humildade", as aflições que nos chegam, do que se rebelar e multiplicar as aflições.

Essas são as lições do Espiritismo que esclarecem e consolam o nosso coração. Contudo, uma coisa é certa: em qualquer das aflições que passarmos na vida, se tivermos humildade e brandura suficientes, sentiremos a presença dos seres espirituais que, por nos amarem, profundamente, estão sempre ao nosso lado nos momentos mais difíceis da vida. Nenhum de nós enfrenta suas aflições sem o amparo.

Eu gostaria de encerrar este capítulo narrando uma pequena experiência de vida. Após grande sofrimento experimentado, eu ia no carro discutindo com Deus. Mas, era uma discussão pacífica, não propriamente uma briga, e eu tentava entender o porquê, e em determinado momento eu pensei: *Eu estou desamparado*. E eu seguia, dirigindo, fazendo um caminho que até o carro já sabe de cor. Não é que eu errei! Em vez de virar à esquerda, eu prossegui.

Quando me dei conta, estava em um beco, e era noite. Achei estranho que a rua foi estreitando, e quando notei, não passava o carro, e eu tive que voltar de ré um trecho enorme para alcançar a avenida novamente e tentar localizar no celular uma rota alternativa, pois havia fugido completamente do caminho. Mas, naquele momento, enquanto andava de ré, eu percebi nitidamente como se alguém me dissesse: *Só para você experimentar um pouquinho de desamparo, pois você achou que estava desamparado*. Imediatamente, eu falei: *Já está bom, chega, está ótimo. Volte o amparo, por favor. Estou feliz. Já entendi*. Dei ré no carro e voltei; eu estava, simplesmente, a cerca de quinhentos metros do lugar do meu destino, era apenas uma questão de perspectiva, pois estava a um quarteirão para trás, que parecia completamente diferente, pois era noite. Nessa experiência, eu aprendi que o amparo que os amigos espirituais nos disponibilizam é um amparo sutil. É presença.

E o que é presença? Vou exemplificar. Presença é uma mãe que chegou para Chico Xavier – Chico atendia a mães que haviam perdido seus filhos fazia mais de quinze anos. Naquela noite, ele devia ter atendido a aproximadamente 200 mães, quando certa mãe chegou diante dele e disse:

– Eu perdi meu filho – e começou a chorar. Chico a abraçou e começou a chorar também. E ficou todo mundo se perguntando: *Mas não é possível, será que Chico não vai fazer uma palestra sobre as causas das aflições?* Chico e a mãe ficaram ali abraçados e chorando cerca de quinze minutos. Logo, ela se acalmou, enxugou as lágrimas, e Chico também, virou-se para Chico e disse:

– Eu nunca me senti tão consolada em toda a minha vida.

Porque é presença.

A presença dos corações que nos amam, no momento do sofrimento, é tudo de que precisamos para nos sentirmos amparados e consolados.

E nós podemos dizer, com certeza absoluta, que a primeira presença constante em nossa vida é a do Cristo, e junto a Ele a dos corações que nos amam e que torcem para chegarmos do outro lado com o dever cumprido, com o coração brando e sereno por termos aceitado a condução do Criador em nossas vidas.

Estar encarnado
é experimentar
a suprema
fragilidade.

CAPÍTULO 2
JUSTIÇA **DIVINA**

O Evangelho apregoa que são bem-aventurados os que sofrem perseguição por causa da justiça, porque deles é o Reino dos Céus. Esse versículo do "Sermão do Monte" é desafiador, porque ele conclama todos nós a pensarmos sobre a justiça. E toda vez que nos debruçamos sobre a justiça, somos, igualmente, convidados a refletir sobre ela. A injustiça é difícil de ser definida, mas muito fácil de ser experimentada. Até mesmo uma criança percebe e se entristece quando é envolvida por um comportamento ou por um ato de injustiça.

Pensar na injustiça, em seus mecanismos, em seus meios sórdidos, na dor que ela provoca em cada um de nós não é uma tarefa fácil, mas antes de abordar esse versículo, nós precisamos ter o cuidado de conectar as falas de Jesus para que elas criem uma colcha, um tecido de significado.

Jesus também nos disse no "Sermão do Monte", quando nos falava das aflições, das ansiedades da vida física, que deveríamos buscar primeiro o Reino de Deus e sua justiça, e que todas as demais coisas nos seriam acrescentadas, trazendo um elemento novo em sua fala, e aqui nós podemos dar o nosso testemunho. Uma coisa é falar da justiça humana, outra, absolutamente diferente, é falar da justiça divina. A justiça divina possui caminhos insondáveis.

Esquecimento do passado

A justiça divina opera em outro nível. Ela conta com elementos e instrumentos a que nós operadores da justiça humana não temos acesso, e é sobre isso que gostaríamos de falar. Mas, antes de abordarmos essas características referentes à justiça divina e falarmos das limitações da justiça humana, para compreendermos a injustiça, é preciso recordar as primeiras páginas do livro *Renúncia*[6], no diálogo entre Pólux e Menandro, ambos espíritos que percebiam que se avizinhava o momento da reencarnação. Forças imponderáveis chamavam esses dois espíritos a regressa-

---

6 Francisco C. Xavier/Emmanuel. *Renúncia*. FEB Editora.

rem ao mundo material, a assumirem um corpo físico, a experimentarem todas as vicissitudes que é viver em um corpo material. Ser encarnado é experimentar a máxima fragilidade do universo. Basta faltar um dia de ingestão adequada de água e você desidrata; com dois dias, três dias de desidratação você está de volta ao mundo espiritual. Basta um novo vírus para mudar toda a estrutura de um planeta e ceifar milhares de vidas.

Como estar encarnado é experimentar a suprema fragilidade, esses espíritos tiveram medo, e a primeira expressão de Menandro para Pólux foi:

– Você sabe o que está me incomodando mais?
– O que foi, Menandro?
– Eu vou me esquecer de tudo.

E Pólux, um cego guiando o outro, consolou o amigo, mas depois chorou. O amigo saiu em desespero, e foi preciso que Alcíone se materializasse naquelas regiões e intercedesse com recursos afetivos espirituais suficientes para consolar a todos.

Por que o esquecimento está pautado aqui neste tema da justiça? Eu me recordo do livro *Missionários da Luz*[7], em que André Luiz, em companhia de um amigo espiritual, adentrou os departamentos preparatórios, que programam as reencarnações, e pôde ver desenhos, mapas reencarnatórios. Enquanto ele estava com um benfeitor, chegou uma senhora muito dis-

---
7 Francisco C. Xavier/André Luiz. *Missionários da Luz*. FEB Editora.

tinta, elegante, que passou a conversar com um amigo espiritual. E André Luiz, curioso, questionou:

– Agora você vai encarnar?

– É, vou.

E o amigo espiritual explicou:

– Ela está indo em uma tarefa de renúncia, de muita coragem.

E ela complementou:

– Não diga isso. Alguém que encarna para quitar um débito não pode receber esse elogio. E André Luiz, atento àquela história, perguntou:

– Qual é a história?

– Na encarnação anterior, meu marido era um homem muito sério, fiel, justo, um companheiro correto. Nós vivíamos em uma situação financeira confortável, de abundância material, e tínhamos três filhos. Meu marido era rígido, ele corrigia os filhos, mas eu, embora uma esposa digna e mãe muito dedicada, cometi uma falha muito séria – eu errei gravemente nos excessos de ternura. Sempre desautorizei o meu marido, e por conta disso meus três filhos, dois filhos homens e uma moça, se perderam completamente e adentraram situações gravíssimas, do ponto de vista espiritual, por conta do meu excesso de ternura. Agora, vou voltar e receber os três filhos de novo – um virá deficiente físico e o outro com problemas mentais. A filha também virá com algumas dificuldades, mas ficará comigo e me ajudará, porque eu ficarei viúva.

O que podemos refletir com essa história? Você está no mundo espiritual e faz uma programação, mas acontece que quando encarna se esquece de que vai ficar viúva. E quando as situações se instalam em sua vida, quando as circunstâncias chegam, você não sabe que sabe. Você esquece o que sabia. E esquece mesmo.

A vida, entretanto, vai se desdobrando, se abrindo, se desenvolvendo, e a sua programação reencarnatória começa a se mostrar, mas você não se lembra. Era justamente a esse respeito que Menandro e Pólux conversavam. Porque a primeira sensação que alguém que não lembra tem, quando vive uma experiência, é: *Isso é injusto, por que isso está acontecendo comigo?* Nesse momento, a perplexidade chega. E esse é um dos mecanismos da justiça divina. Por quê? Você fala: *Nossa, Haroldo, então Deus é masoquista, isso é uma tortura.* Não. A justiça divina é pedagógica, e acredite, sem o esquecimento, o aprendizado não ocorreria. Exemplifiquemos:

Imagine um casal jovem, ela com 25, ele com 26 anos, resolve se casar. Depois de certo tempo:

– Amor, estou grávida. Como é que vai chamar?

– Ah, vai chamar João. Você lembra quem é João?

– João é o Antônio que você assassinou há sessenta anos, porque você era sócio dele. E, então, a sociedade começou a ganhar muito dinheiro, você se tornou ambicioso, roubou tudo dele, inclusive eu, que era esposa dele. Você me roubou dele, mas ele não gostou muito e, por sua vez, você deu um tiro nele, não é, amor? Agora ele está vindo, vai ser nosso filhinho.

Vamos analisar: imagine você, pai, nasce o Joãozinho, que é seu credor, que vai herdar todo o seu patrimônio, porque é a maneira que você tem de devolver tudo o que tirou dele. E você vai pagar os estudos dele e pagar tudo com muito sacrifício. Porque a justiça divina é restaurativa. Você tirou a vida agora você dá a vida. Você tirou as oportunidades, agora você devolve todas elas.

Quando eu era juiz criminal conduzia o julgamento com respeito, com correção. Dava a sentença, e a pessoa começava o cumprimento da pena, tudo dentro da lei. E o assassinado? Como é que se restaura o prejuízo da vítima? Prendendo? Como é que se restaura o prejuízo da mãe que estava chorando lá no julgamento? Como uma que me procurou e disse:

– Mas, doutor, você só vai prender ele?

E eu falei:

– A senhora está pedindo para mim o que só Deus pode fazer. Eu, na condição de operador da lei humana, sou um servo pequenino da justiça divina. O que a senhora está me pedindo apenas Deus pode fazer através da sua suprema justiça – reparar o mal.

Mas, voltando ao nosso exemplo: Imagine você e Joãozinho passeando no shopping e, por causa de uma birra, Joãozinho deita no meio do shopping e começa a gritar e a falar:

– Não vou, não vou.

E você, pai, em vez de chegar e dizer: *Joãozinho, levante agora*. Você pensa: *É, mas eu o matei. Tirei tudo. Causei prejuízo. Oh, Joãozinho, pode fazer pirraça*. Você não teria dignidade para resgatar. A justiça divina nos dá dignidade para resgatar.

E não há como distinguir onde começa a justiça divina e termina o amor divino, onde começa o amor e termina a justiça. O amor de Deus e a sua justiça misturam-se num todo. É como você pegar o ovo, a farinha, uma pitada de sal, o açúcar, misturar tudo, depois tentar separar. Não tem jeito. A justiça e o amor de Deus estão misturados como uma massa de bolo.

Por sua vez, não lembrar é o elemento pedagógico. Não lembrar é simplesmente você assumir o lugar da vítima. Ontem você podia escolher entre ferir e não ferir, estava em seu livre-arbítrio. Ninguém lhe pediu para ferir. Você podia escolher. Machuco ou não machuco? Prejudico ou não prejudico? Você tomou uma decisão: *Eu vou machucar essa pessoa*. Agora os papéis se invertem e a pedagogia divina nos dá a oportunidade da empatia, que é você se colocar exatamente no lugar da pessoa que você feriu, para você sentir. Porque só se fere alguém quando se deixa de sentir; se você não parasse de sentir não machucaria ninguém. Fere-se apenas quando se está ferido. Nós ferimos somente quando o coração foi embora e ficou apenas a cabeça. É por isso que o psicopata é a pessoa que perdeu, totalmente, a capacidade de se colocar no lugar do outro. Ele de fato não sente empatia alguma, por isso que é capaz de arrancar seu dedo sorrindo, porque é incapaz de se colocar no lugar do outro, ou seja, é um indivíduo que atrofiou o sentimento.

Eu me lembro de uma visita ao hospital psiquiátrico espírita André Luiz, em Belo Horizonte, cujo diretor clínico do hospital é Roberto Lúcio, um psiquiatra amigo meu. E durante a visita, eu me deparei com casos gravíssimos de esquizofrenia, o caso do sofrimento mental no mais último grau, que me deixaram um pouco atordoado. Então, eu questionei:

– Roberto, como é que se entende isso?

Ele me olhou e disse:

– Você está impressionado, Haroldo?

– Estou muito impressionado.

– Oh, meu amigo, o que está impressionando você já é a cura. O adoecimento mental já é a cura. Para o espírito entrar nessa fase é porque o sentimento dele está sendo restaurado. Ele está com o intelecto comprometido, com as faculdades mentais comprometidas para que o sentimento saia e desabroche novamente, e ele volte a sentir e a se colocar no lugar do outro.

Desse modo, a você, a mim, enquanto encarnados, é difícil compreender essa realidade, porque nós somos imediatistas. E aí, você sabe qual é o nosso slogan?

Não há nenhum injustiçado.

As mães têm uma conexão especial com Deus no que diz respeito ao destino de seus filhos, e eu me recordo de uma experiência de resgate que vivi: eu cheguei para minha mãe, ela me olhou e disse:

– O que é da gente, meu filho, vem na nossa porta.

Eu perdi até o apetite. Porque eu estava esperando que ela dissesse: *Coitadinho, tão bom, meu filhinho, querido, que injustiça.*

Pelo fato de não nos recordarmos dos detalhes parece injusto, mas você tem certeza absoluta de que quer saber dos detalhes? Eu me recordo do livro *Diálogo com as Sombras*[8], em que Hermínio Miranda dialogava com o espírito: *Porque você... Eu vou acabar com sua vida, e você fez isso, e você fez aquilo*, e o espírito começou a acusar todos os presentes na reunião. Era o típico cobrador. De repente, o espírito cobrador questionou:

– Que processo é esse aqui em cima da mesa?

---
8 Hermínio C. Miranda, *Diálogo com as Sombras*. FEB Editora.

Os espíritos haviam colocado um processo grande, fluídico, em cima da mesa.

– Que processo é esse?

E Hermínio, de forma intuitiva, retrucou:

– É o seu.

– Meu?

– É o seu. Você não veio aqui com o rol de acusações contra todos nós? As acusações são justas. A nossa defesa é: nós somos culpados. Agora é o seu processo.

E o espírito atrevido abriu o processo e começou a ler, e teve de sair de maca, carregado.

Eu me recordo de uma frase de Chico na obra *Testemunhos de Chico Xavier*[9]: "De vez em quando me coloco em contato com as recordações do passado e sou tomado de uma profunda tristeza, então vem o espírito de Emmanuel, me consola, começa a explicar o laço que une todas as encarnações e eu então compreendo as razões dos mínimos acontecimentos".

Aí eu pergunto: você tem certeza de que quer se lembrar?

Nós não conseguimos nos lembrar, porque com a mesma medida que medimos o outro, medimos a nós mesmos. Como somos extremamente rígidos com os outros, não temos a mínima boa vontade de perdoar sequer uma pequena ofensa. Somos extremamente intolerantes com a imperfeição - essa é a medida

---

9 Suely Caldas Schubert, *Testemunhos de Chico Xavier*. FEB Editora.

com que medimos. Desse modo, ao nos lembrarmos de nosso passado, que medida usaremos conosco? A mesma.

> *Nós somos tão endurecidos, que se você se lembrar de seu passado, vai entrar em um processo de culpa depressivo.*

Porque não consegue ter misericórdia de si mesmo, por não se perdoar. Todavia, o dia em que o seu perdão for suficientemente grandioso para abarcar qualquer ofensa, você se lembrará de todo o seu passado. Sabe por quê? Porque você terá um mar de generosidade para com você mesmo. Você será tomado pela indulgência. Por enquanto, não tente entender as razões, pois elas não vão diminuir seu sofrimento. A única coisa que apazigua o sofrimento é sentir-se amado e consolado.

Vamos imaginar que você esteja atravessando a maior expiação de sua encarnação. Você gostaria, nesse momento, que eu me sentasse ao seu lado e começasse a lhe contar todas as razões pelas quais está sofrendo agora? Isso seria a última coisa que você poderia querer. Isso é tortura psicológica. Ao contrário, você gostaria de ouvir: *Eu estou com você. Vão ser dois chorando, você e eu.*

Portanto, a lei divina tem esse mecanismo pedagógico. Outro elemento da justiça divina: ela sempre aponta para a perfeição do espírito e possui um mecanismo que a justiça humana não tem, esse mecanismo se chama reencarnação.

A reencarnação

É o maior instrumento da justiça divina, porque ela o traz de volta ao mesmo lugar do erro. Para quê? Para que você seja torturado? Não. Para que você possa reescrever a história. Fazer o que devia ter feito antes de ter errado, lá atrás. Deixar o coração, o amor e a fraternidade o conduzirem.

Esse elemento da justiça divina é realmente extraordinário, e aqui nós temos de caminhar na conclusão desse raciocínio para a bem-aventurança. Bem-aventurados os que sofrem perseguição por causa da justiça. Não é a humana, é a divina. Bem-aventurados os que sofrem perseguição por causa da justiça, porque deles é o Reino de Deus.

Como assim? Ora, não disse Jesus depois do Pai Nosso, "buscai primeiro o Reino de Deus e a sua justiça?" Acontece que quando você começa a canalizar a sua vida para as fontes da justiça divina, o seu comportamento se desloca da massa.

Por outro lado, existem aqueles que não entendem os mecanismos da justiça divina e querem impor a sua própria justiça. Por exemplo, uma pessoa olha uma flor e fala: *Gostei da flor, mas não gostei do espinho*, e arranca o espinho. Ou olha para o jardim e diz: *Gostei daquela flor, mas não gostei dessa*, e pisa na flor. Ou ainda, chega a uma árvore e percebe que em seu topo há um pássaro e na base da árvore há uma serpente. Então, fala: *Não gostei dessa serpente*, vai lá e mata a serpente. Aquele que age dessa forma é um espírito imperfeito.

> *O espírito imperfeito quer eliminar tudo o que ele não consegue amar, porque a lógica dele é infantil: ele quer um mundo repleto apenas daquilo que ele ama, daquilo que ele aprova. Por quê? Porque ele é incapaz de conviver com a diferença.*

Quando Emmanuel escreve sobre o amor em *Pensamento e Vida*[10] ele ensina que "a mesma seiva que nutre a flor, alimenta o espinho, na mesma árvore em que se aninham os pássaros, se enrosca a serpente. Porque o amor de Deus abrange a serpente e o pássa-

---
10 Francisco C. Xavier/Emmanuel. *Pensamento e Vida*. FEB Editora.

ro, a flor e o espinho". Portanto, o diabo, ou satanás é tão amado quanto você. É claro que se trata de uma metáfora, porque você sabe que não existe satanás.

Todavia, você hoje talvez não seja capaz de amar e de compreender aqueles que estão trazendo alta cota de dor para sua vida, mas o tempo e a lei divina irão agir neles e em nós. E, por sua vez, chegará o dia, não importa quanto demore, pois somos seres imortais, que eles se tornarão espíritos luminosos, e você será incapaz de odiá-los.

Porque Deus não pergunta quem é o culpado, Deus pergunta quem é o responsável, e nesse momento os espíritos superiores abaixam a cabeça, mas a sua consciência levanta a mão, e você se pronuncia assumindo toda a responsabilidade. E em resposta dos espíritos superiores você ouve: *Tá bom meu filho, nós vamos te ajudar a reparar*. Quando André Luiz começou a narrar todo seu sofrimento no umbral ouviu de Clarêncio, que estava ao lado, de modo paternal: "Meu filho, apazigue o teu coração, porque nós também já perambulamos pelos labirintos de que você agora acaba de sair"[11].

A afirmação nos direciona a uma conclusão. Quando Emmanuel em uma mensagem interpreta o *Evangelho de Mateus*, capítulo V, versículo XIX: "Bem-aventurados os que são perseguidos por causa da justiça, porque deles é o Reino do Céu", ele basica-

---

11 Francisco C. Xavier/André Luiz. *Nosso Lar*. FEB Editora.

mente diz: Chegará um momento em que a tua consciência vai agir com toda retidão e ainda você será incompreendido. Você fará tudo certo e aos olhos do mundo, você estará em erro, mas o grande desafio do discípulo de Jesus é ter todas as oportunidades de fazer o mal e abdicar de fazê-lo.

Quando você tem na mão todos os instrumentos e fala *não vou prejudicar*, nesse momento, você compreendeu que existe diferença entre ser justo e ser justiceiro. Qual é a proposta do justiceiro? O justiceiro é alguém que comete um erro igual ou pior para resolver o mal.

A justiça nunca transpõe a linha divisória entre o certo e o errado, porque o dia que o justo transpuser a linha de justiça e praticar o mal para fazer justiça não haverá mais diferença entre ele e o injusto. Prefira sofrer aparentes injustiças do que praticá-las. Exemplifiquemos: certo dia, Chico Xavier e Arnaldo Rocha caminhavam de braços dados, quando Arnaldo começou a se lamuriar: *pois é, está acontecendo isso e isso, isso*, aquelas histórias que geralmente contamos com o intuito de nos autovitimizar. E Chico, atento, lhe respondeu:

– Oh, Naldinho, eu estou tão feliz.

– Feliz com o quê, Chico? Com meu sofrimento?

– Não, Naldinho. Pela primeira vez você só está apanhando. Não está batendo.

**Por que
um ser todo
poderoso
cria leis?**

CAPÍTULO 3
NOSSA RELAÇÃO COM DEUS

Neste capítulo, vamos trazer um paralelo entre as leis morais da terceira parte de *O Livro dos Espíritos*[12] e os capítulos de *O Evangelho Segundo o Espiritismo*[13], mas antes de fazer esse paralelo, cabe uma reflexão sobre a própria lei divina em si.

Deus é todo poderoso, imaterial e incorpóreo, emana o seu hálito divino que é o fluido cósmico, no qual está mergulhada toda a criação infinita; todos

---

12 Allan Kardec. *O Livro dos Espíritos*. FEB Editora.
13 Idem. *O Evangelho Segundo o Espiritismo*. FEB Editora.

estamos mergulhados nesse plasma divino, que é a fonte de toda matéria e que sustenta toda a criação infinita. Portanto, Deus pode mudar, renovar tudo a qualquer momento. Ele, que é o criador de uma obra inigualável, pode recriar a qualquer momento.

Portanto, a primeira reflexão que deveríamos fazer: por que um ser todo poderoso cria leis?

Todas as vezes que o ser humano é levado a uma posição de poder e destaque, em função de seu orgulho e de seu egoísmo crônico, é tentado a se colocar acima das leis. Nós já assistimos a esse fenômeno no curso da história humana. Todos os impérios e civilizações que se ergueram nos deram mostras de seres humanos que respeitavam a lei até o momento de assumirem o comando; tão logo passaram a governar, sentiram-se acima das leis, dos valores e dos princípios.

Infelizmente, na pátria do Evangelho, nós brasileiros construímos uma cultura de que obedecer às leis é sinal de fraqueza. É por isso que é difícil compreender a inteligência suprema do universo – submeter-se às suas próprias leis. Por que o Criador, por sua vez, criaria um código imortal de leis imutáveis, se Ele poderia agir por puro arbítrio?

É que nós deixamos de observar um aspecto da revelação divina do Consolador prometido. Deus é apresentado na primeira questão de *O Livro dos Es-*

píritos como a inteligência suprema. Contudo, parece que nos esquecemos de ler o restante das questões, pois além da inteligência suprema, Deus é o amor infinito da criação. E como disse Maria Dolores no poema *Esperança*[14]: "Além, muito além, no coração das alturas".

André Luiz retrata em sua série de livros esse aspecto quando apresenta aquelas almas que já edificaram o amor genuíno, abnegado e puro. Ele registra o ensino dos benfeitores dizendo: "Os que amam governam a vida"[15]; as criaturas que edificaram o amor são as convidadas a governarem a vida.

Humberto de Campos, no livro *Boa Nova*[16], narra: "É por essa razão que naquela noite, após ter atendido uma imensa fila de sofredores que buscavam um carinho de mãe, porque há coisas que apenas uma mãe é capaz de entender e há coisas que somente uma mãe é capaz de conceder, Maria de Nazaré notou que o último deles era peregrino que, embora apresentasse vestes desgastadas e aparência peculiar dos peregrinos, de seus olhos emanava certo brilho, que sem que

---

14 Francisco C. Xavier/Maria Dolores. *Antologia da Espiritualidade*. FEB Editora.

15 Francisco C. Xavier/André Luiz. *Ação e Reação*. FEB Editora.

16 Francisco C. Xavier/Humberto de Campos. *Boa Nova*. FEB Editora.

ela pudesse explicar, despertava-lhe profunda saudade de seu amado filho.

Maria notou que, ao contrário de todos os que a buscavam, aquele peregrino nada lhe pediu, nada lhe roubou, nem buscou sua compreensão maternal, sua misericórdia, ou sua compaixão.

Ele apenas permaneceu em silêncio. E de um momento para o outro Ele se identificou da maneira como Ele gostava de se identificar, deixando transparecer nas mãos a marca da crucificação. Maria, por sua vez, percebeu estar diante de seu filho, do governador espiritual do orbe. Era a imortalidade e a prova da vitória do espírito e da vitória do bem sobre o mal.

O seu primeiro impulso humano foi o de se ajoelhar, no entanto, Jesus interrompeu o seu gesto, ajoelhando-se perante a mãe. E o governador espiritual do planeta postado aos pés de sua mãe, disse: *Mãe, é da vontade do meu Pai que no meu reino de amor e de justiça tu sejas a rainha,* o que significa que na governança espiritual do planeta está a mãe de Jesus".

Há uma mãe governando tudo isso, porque os que amam governam a vida. E por amor, por ser um infinito amor da criação, Deus estabeleceu leis divinas. Então, não pense em leis divinas como algo que foi criado para massacrá-lo ou tolhê-lo.

> **As leis divinas são manifestações do amor de Deus, porque o amor verdadeiro possui ordem. O verdadeiro amor é disciplinado, é paciente, tudo sofre, tudo espera, tudo faz.**

Nós não podemos ainda ver e compreender Deus, dizem os espíritos. Podemos apenas senti-lo e adivinhar o que seja o Criador, porque nos falta um sentido. Entretanto, há na natureza elementos que retratam o Criador: as leis naturais, a lei divina ou natural. Pela lei divina nós temos acesso ao caráter do próprio Deus. Ao criar suas leis, Ele, autor, deixou sua marca. A marca do que Ele pensa. A marca do que Ele sente. A marca do que Ele deseja para a sua criação.

Observe que se trata de uma perspectiva totalmente diferente, porque temos a sensação de que, às vezes, o espírita, ao se debruçar sobre as leis morais parece alguém estudando o código de trânsito. Você lê com aquela má vontade querendo que fosse diferente: *Poxa vida, para que lei de causa e efeito? Seria tão bom fazer as coisas e não ter consequência nenhuma.* Nós não estudamos a lei divina como alguém que estuda o quadro de Monet em busca do próprio Monet, ou alguém que lê Shakespeare em busca do estilo do próprio Shakespeare, porque Deus está retratado em sua obra.

E ao examinar a terceira parte de O Livro dos Espíritos, nós podemos sem criar sistemas ou teorias rígidas, didaticamente, dividir as leis divinas em três grupos: as leis que dizem respeito à nossa relação com o próprio Deus, as leis que regem o nosso contato, a nossa comunhão com o nosso Criador. O outro conjunto consiste nas leis que dizem respeito a mim, comigo mesmo. E, por fim, as leis que regem as interações entre os filhos de Deus.

A nossa comunhão com nosso Criador

Pois bem, dentre as leis que dizem respeito à nossa relação com Deus eu penso em duas: a lei divina ou natural e a lei de adoração. Kardec desenvolveu essas duas leis que constam em O Evangelho Segundo o Espiritismo, primeiramente no capítulo I: "Não vim destruir a lei", no capítulo II: "Meu reino não é deste mundo", no capítulo III: "Há muitas moradas na casa de meu pai", no XVI: "Não se pode servir a Deus e Mamon", no XIX: "A fé transporta montanhas", no XXVII: "Pedi e obtereis" e por fim no capítulo XXVIII que consiste em uma coletânea de preces espíritas.

E você dirá: "Lei divina natural, por quê?" Quer entender Deus? Olhe para a natureza. Olhe para os rios, para a terra, para a semente. Observe a agricultura, as estações do ano. Deus poderia fazer tudo diferente, mas por que Ele fez desse jeito? Porque Ele está querendo dar um recado. #presteatenção. Preste atenção.

Vamos imaginar que você queira construir uma casa espírita. Como é que vai funcionar? Vai funcionar igual a uma semente. Ela começa pequenininha, com bastante dificuldade, se misturando na terra. Se descuidar o pássaro pega essa semente, ou pisamos na terra sem perceber. Com o tempo, a semente passa a ser uma plantinha, que vai crescendo, crescendo, e de repente se transforma em uma árvore. Todavia, tudo começou como uma semente. E assim é o casamento, a profissão, a nossa encarnação.

Tudo segue esse padrão, porque esse é o padrão desejado por Deus para a criação. De acordo com Emmanuel: "Deus não manifesta propósitos a esmo"[17]. Por quê? Porque quando Deus manifesta algo, é porque Ele tem certeza daquilo. Suas leis são imutáveis.

Ao observar o sistema solar, observar uma galáxia, você percebe que esses aglomerados gigantescos do cosmo obedecem à mesma lei de uma semente. Eu gosto de dizer que o caráter de Deus está expresso na natureza, o caráter do próprio Deus, uma vez que:

---

17 Francisco C. Xavier/Emmanuel. *Vinha de Luz*. FEB Editora.

Deus possui uma identidade.
Ele é, e ponto final.
Ele é suprema bondade,
Ele é suprema justiça,
Ele é infinita inteligência.

Considerando-se que nós estamos mergulhados na natureza é bom olhar e pode-se questionar: por que você está diferenciando lei natural de lei divina? Por que você acredita que é diferente ter aula de química e vir ao centro de estudo Nosso Lar estudar a mediunidade? Você acredita que há um Deus que criou os elementos químicos e outro que criou as leis espirituais? Você considera que há um Deus que criou as leis da física e outro que criou a lei da evolução espiritual? Não. Tudo é obra do mesmo autor. Os espíritos relatam que Deus criou todas as leis, por isso há unicidade na lei divina. E complementam ainda os espíritos asseverando que o sábio estuda as leis da natureza, e o homem de bem estuda as leis do espírito, mas elas são uma só.

Consequência disso? A lei de adoração. Por que lei de adoração? Como se manifesta a lei de adoração? Seria quando esses cantores maravilhosos cantam aleluia, louvando o Criador, na sua majestade e imponência? Ou quando você chega de joelhos na casa espírita pedindo ajuda, ou quando volta para agradecer a graça recebida? Será que a lei de adoração é apenas isso?

A lei de adoração atua no nosso psiquismo, e é simples – você se torna tudo aquilo que você adora. Na época em que atuava como juiz da infância e da adolescência e me deparava com um adolescente infrator, eu olhava para ele e sabia, de antemão, que se tratava de usuário de crack, porque a pessoa traz as marcas do crack no corpo.

Você se torna aquilo que você adora. Por quê? Porque onde estiver o seu tesouro, lá estará o seu coração que gravita em torno do que você ama, adora, admira. É por isso que um alcoólatra retrata nele o álcool, o perverso, a perversidade. Então, seguindo esse raciocínio, se você adorar Deus, o que você se tornará? Divino. "Vós sois deuses"[18]. Ao adorar a Deus você passa a retratar os atributos da divindade. É por isso que as pessoas disputavam a sombra de Simão Pedro, porque a sombra de Simão Pedro curava. E pela mesma razão é que as pessoas se aproximavam de Francisco Cândido Xavier – a dez metros distantes dele já começavam a chorar, involuntariamente, e sentiam paz inexplicável. Isso é lei de adoração. Isso diz respeito à nossa relação com Deus.

---

18 *Salmos*, 82:6.

Os espíritos dirão: "Adorar a Deus é elevar o pensamento até Ele", contudo, eu queria contar um segredo, pois há uma coisa curiosa no relacionamento com Deus: Ele não fala. Certa vez, em uma entrevista, foi perguntado à Madre Teresa de Calcutá:

– Madre, quando a senhora ora, o que a senhora fala com Deus?

– Eu não falo nada, meu filho, eu só escuto.

E a pessoa, impressionada com a resposta, aventurou-se em outra pergunta.

– A senhora só escuta? E o que Deus fala?

– Ele não fala nada, Ele só escuta.

Para entendermos as palavras de Madre Tereza de Calcutá vamos fazer uma comparação. Imagine o pai ou a mãe ao contemplar o filhinho ou a filhinha dormindo. Precisa dizer mais alguma coisa? Isso é a diferença entre palavra e presença.

Deus é presença, não é palavra.

Eu vou relatar duas experiências. Certa ocasião, eu precisei fazer uma cirurgia de joelho. Vestido em uma camisola, em uma sala fria, eu aguardava a visita da anestesista. E eu tremia – acho que era o frio. Nesse momento, uma pessoa chegou e disse:

– Você tem medo de anestesia?

– Só quando a agulha entra.

– Não, não precisa ter medo – tranquilizou a doutora.

Eu senti algo entrando pela coluna. Em seguida, ela se retirou, e eu fiquei ali sozinho na sala cirúrgica. Foi, então, que eu pensei: *Eu vou desencarnar!* Já não sentia os pés, e a sensação foi subindo pelo corpo. E, nesse instante, você pensa: *Estou indo*. E continuava a tremer e a sentir aquele medo horroroso. Após certo tempo, chegou uma senhora enfermeira:

– Você está com medo?

– Eu estava com medo antes, mas nesse percurso até aqui já virou pavor.

– Você está com frio?

– Muito.

Ela pegou um cobertor e me cobriu, dizendo:

– Não tenha medo, eu lhe prometo que vou ficar o tempo todo do seu lado.

Eu parei de tremer, criei coragem. Ela repetiu: *Eu vou ficar*. Presença. Logo depois, adentrou a médica anestesista e disse que eu iria dormir. E eu fui tranquilo. Eu não escutei, não enxerguei, mas eu confiei na presença. Deus é presença. E quando eu voltei e abri os olhos, na sala de cirurgia lá estava ela ao meu lado e disse:

– Eu não falei que eu ficaria do seu lado?!

O tempo passou, e a segunda história se refere a uma experiência traumática, a mais desafiadora que eu passei na vida. E no momento em que eu entrei em casa e desabei aquele problema, eu estava sozinho. Eu não sou médium ostensivo, mas eu podia ver e sentir todos os espíritos, e eles estavam em silêncio, no mais profundo silêncio, porque o assunto era grave. E naquele momento de aferição, em um misto de total desespero, eu consegui fazer o silêncio mais profundo da minha encarnação. Nunca mais eu voltei naquele momento. Foi o silêncio mais intenso da minha vida; naquele silêncio eu senti a presença que envolve a criação infinita, e eu pude pensar apenas em uma coisa: *E agora? E agora eu estou só*, e Ele não respondeu, nesse momento, eu senti.

Todavia, para compreender o que é a religiosidade e o que é espiritualidade, você precisa entender o que é presença. Deus é a presença absoluta. E Ele é sutil. Isso é lei de adoração.

Eu espero que de agora em diante, quando você fizer sua prece, não trate Deus tal qual um funcionário público: *Senhor Deus, estamos aqui neste momento solene, estou redigindo a ata para te pedir...* Deus é o único que sempre estará com você. Todos passam em sua vida; não estou dizendo que vão embora, mas passam. Somente Ele estará conosco o tempo todo. É esta a relação com Deus. Contudo, nós ainda não aprendemos a desenvolver intimidade com o nosso Criador.

Mas, como a nossa intimidade cresce? Como é que criamos mais intimidade com Deus? Purificando, iluminando nossa alma. Façamos uma comparação. Pegue o seu telefone celular, jogue lama na tela e depois tente ler o *WhatsApp*, não vai ler, porque a tela precisa estar limpa. Do mesmo modo ocorre com a nossa tela – a mente e o coração. Acaso o coração esteja repleto de rancor, mágoa, inveja, despeito, ódio, vai sentir a presença?

As leis que dizem respeito a mim comigo mesmo

Essas leis estão na terceira parte de *O Livro dos Espíritos*: lei do trabalho, lei de reprodução, lei de conservação, lei de destruição e a síntese de tudo, perfeição moral. Kardec desenvolveu esse conjunto de leis em *O Evangelho Segundo o Espiritismo*: no capítulo IV "Ninguém poderá ver o reino de Deus se não nascer de novo", no capítulo V "Bem-aventurados os aflitos", no capítulo VII "Os pobres de espírito", no capítulo VIII "Aqueles que têm puro coração", no capítulo IX "Os mansos e pacíficos", no capítulo X "Bem-aventurados os misericordiosos, no capítulo XVII "Sede perfeitos", que é o guia do espírita ou deveria ser. No capítulo XXIII "A estranha moral" e no capítulo XXV "Buscai e achareis".

O que significa isso?

Nas leis divinas, relativas a nós mesmos, somos responsáveis pelo próprio aperfeiçoamento moral. O dia que entendermos essa lição, faremos um compromisso com a excelência, tudo o que fizermos será excelente.

É um compromisso. Seremos iguais aos espíritos puros que não fazem nada mais ou menos. Primeiramente, porque fazem com amor, e quem faz com amor dá tudo de si. Essa é a diferença.

Em segundo lugar, o compromisso com a excelência. Vamos tomar por exemplo um beija-flor. Você acredita que o arquiteto que coopera na equipe de Jesus fez um beija-flor de um dia para o outro? Fez um rascunho de projeto e falou: *Oh, Jesus, fiz um rascunho aqui, eu nem colori. Depois você coloca a cor que quiser.* Você acredita que Jesus aceita isso? Observe um leão, uma onça, um peixe. Tudo na natureza é um espetáculo de primor. Portanto, a lei divina é a lei da perfeição moral, e essa lei é inegociável. Você vai ser perfeito e ponto final. *Ah, mas eu não quero.* Você será lapidado. Isso nos lembra a resposta de Michelangelo sobre a escultura de Davi em 4,5 metros em um só bloco de mármore. Ao ser questionado como havia conseguido, ele respondeu: "Já estava lá, eu só tirei os excessos".

Então, o que você está fazendo aqui encarnado, passando por prova e por expiação? Apenas tirando os excessos. Há alguns que estão com bastante excesso, mas é só tirar. Quando você pensa nessa perspectiva, entende Jesus quando Ele diz: "Está no teu querer, encontres hoje um ponto de referência para regeneração de todo o teu destino". Está no seu querer seguir agora ou daqui a milênios.

É a única escolha que você tem, ou é agora ou é depois, mas vai ser. Eu vou dar um *spoiler* para quem não leu o livro *Sexo e Destino*, de André Luiz, psicografia de Francisco C. Xavier e Waldo Vieira. No enredo, o personagem Félix era o benfeitor. Ele era admirável, parecia um super-homem, aquele que resolvia todos os problemas. Realmente, um espírito bom, caridoso, amoroso. No final da narrativa, você descobre que Félix era o causador de todo o problema, e que naquela oportunidade estava reparando seus erros do passado ajudando todas as pessoas envolvidas naquela situação de conflito.

Não é extraordinário? É a lei da perfeição moral em ação, mas para isso é preciso de trabalho de conservação e de destruição, porque algumas coisas têm de acabar, têm de ser destruídas em nossa vida, inclusive o nosso corpo.

As leis que regem as interações entre os filhos de Deus

Passemos para o terceiro conjunto de leis: eu e o meu semelhante, eu e o meu próximo. As leis são: lei de sociedade, lei de progresso, lei de igualdade, lei de liberdade, lei de justiça, amor e caridade. Kardec tratou essas leis em vários capítulos de O *Evangelho Segundo o Espiritismo*: no capítulo XII "Amai os vossos inimigos", no capítulo XIII "Não saiba a vossa mão esquerda o que dá a mão direita", no capítulo XIV "Honrai a vosso pai a vossa mãe", no capítulo XV "Fora da caridade não há salvação", no capítulo XVIII "Muitos os chamados poucos os escolhidos" no capítulo XX "Os trabalhadores da última hora", no capítulo XXI "Haverá falsos cristos e falsos profetas", no capítulo XXII "Não separeis o que Deus uniu", no capítulo XXIV "Não coloque a candeia debaixo do alqueire" e no capítulo XXVI "Dai de graça o que de graça recebeste."

E qual o significado dessas leis? Que há uma justiça que preside os nossos destinos. E, metaforicamente, cada um de nós tem um processo, ainda que bem simplificado. E sabe onde está o processo de todas nossas encarnações? No nosso perispírito. E o mais interessante é que quando descarnamos, ele se torna visível para todo mundo. Isso nos remete à obra *Nosso Lar*[19], no episódio da mulher que ajudara a praticar muitos abortos e tencionava adentrar a Colônia Espiritual. Todavia, um olhar mais criterioso dos seguranças detectou pontos escuros em seu perispírito que denunciavam seu comportamento desregrado. E ao ser questionada quanto à existência de tais pontos escuros, a criatura passou a agredir verbalmente os seguranças, pois continuava a burlar a lei divina.

Particularmente, quando eu li esse episódio, me senti receoso de desencarnar, expor minha história reencarnatória, me tornar vulnerável. Mas, essa é a grandeza da justiça divina, o processo está em nós, ou seja, todo o registro do que já vivemos em inúmeras reencarnações. E o que podemos constatar é que cada ponto desses narrados em *Nosso Lar* é uma tecnologia espantosa, pois se André Luiz olhasse por um ponto ele veria toda a cena em 5D e veria a imagem em movimento, o sentimento da criancinha assassinada, a sensação da mãe, o seu sentimento e pensamentos na hora do aborto, tudo registrado.

Para facilitar o entendimento, vamos usar outra metáfora. Imagine que você, desencarnado e presente em uma reunião pública na Colônia Espiritual Nosso Lar. De repente, em meio à reunião, em um telão

---

19 Francisco C. Xavier/André Luiz. *Nosso Lar*. FEB Editora.

gigantesco todas as suas conversas do *WhatsApp* começam a aparecer. Você entendeu agora?

> *É por isso que os espíritos superiores não condenam ninguém, não julgam ninguém. Eles curam, sem julgar, sem condenar.*

O exemplo seguinte ilustra com exatidão a postura dos espíritos superiores quanto à questão julgamento/condenação. Certo dia, Chico Xavier assistia a reportagens, e uma delas referia-se a um sequestro e assassinato. (Chico lia todos os jornais da época, inclusive aqueles considerados sanguinolentos. E ele lia todos os crimes. Sabe para quê? Para orar pelo criminoso). E, naturalmente, em suas reflexões profundas e espirituais, a respeito daquela notícia específica, ele deve ter meditado: o *que leva um ser humano a cair nas malhas do crime?* Pois que o mal é feito um vírus, uma doença, e qualquer um de nós pode ser infectado. Chico, por sua vez, estava naquela reflexão quando se aproximou Emmanuel e esclareceu que criminoso é qualquer um de nós que foi descoberto.

Retomemos *Nosso Lar*, com dona Laura, a mãe do personagem Lísias que, juntamente com o marido, ao ter certos sonhos que remetiam a algumas lembranças, procurou o ministro Clarêncio, que elucidou:

– Minha filha, trata-se de regressão espontânea. Vocês serão encaminhados para o ministério do esclarecimento, para os técnicos da memória.

Concluídos os exames e a certeza de regressão espontânea, o casal foi submetido ao processo de recordação de duas encarnações. Adentraram a câmara de memória, reviveram e sentiram as mesmas emoções. Terminado o processo, o casal voltou à presença de Clarêncio.

– Vocês lembraram?

– Lembramos, e a gente decidiu que quer reencarnar.

Quando percebemos tais aspectos da justiça divina, adquirimos consciência de que tudo que fazemos ao nosso próximo, na verdade, fazemos a nós mesmos. É por essa razão que no ato da crucificação de Jesus, quando o auge da truculência humana era expresso contra o nosso guia e modelo, Ele orou e disse: "Pai perdoa, eles não sabem o que fazem". E não sabem mesmo. E a lei divina sempre nos devolve ao mesmo cenário, com as mesmas pessoas e circunstâncias, porém com uma diferença, a inversão de papéis.

Por isso, é importante pensar muito a respeito. A lei de sociedade, as leis que regem a nossa relação com o próximo, intimamente, estão nos dizendo: *Pense bem! O outro não é tão outro quanto você pensa.*

E há muitos que acreditam que Deus perde tempo punindo e perseguindo seus filhos.

Não há punição, há responsabilização.

A lei de causa e efeito é simples: quem provocou a desordem? Você? Então, resolva, você é o responsável. Só que tenha misericórdia. Então, você diz: *Gente, eu sou responsável, mas eu fiz bobagem mais do que eu imaginava.* Por sua vez, os espíritos de luz nos dizem: *Nós vamos ajudá-lo, porque se não tiver ajuda, você não conseguirá consertar.*

Essas são as leis divinas. Até que um dia, você opera uma síntese profunda de todas as leis divinas, porque como diz o filósofo e padre, Teilhard de Chardin: "Tudo o que sobe converge". Tudo que está subindo está convergindo, na altura, tudo está unificado. E todas as leis divinas se unificam no amor. Por quê? Não há necessidade de lei para ensinar quem ama a não prejudicar, porque quem ama, ama. Se você faz seu trabalho com o mais profundo amor, é o melhor que pode fazer hoje. Daqui a quinhentos anos, você poderá fazer melhor? Sim, mas hoje é o melhor. Portanto, se você ama, vai ter o melhor relacionamento, vai ser o melhor profissional, o melhor espírita, o melhor cidadão.

Portanto, a grande força da vida é a força do amor, e diria Chico que se a lei divina vem para cobrar o débito do passado e, ao bater em sua porta, o encontra trabalhando em favor do bem do próximo, determina essa mesma lei que ela volte atrás e aguarde, porque o amor cobre a multidão de erros. Sejam as leis que regem a nossa relação com Deus, sejam as leis que regem a nossa relação conosco ou com o próximo, verdadeiramente, o que Deus faz a nós, seus filhos, é ensinar um pouco da identidade, do caráter dEle próprio.

E isso é profecia, está em Hebreus, capítulo 8, versículo 10: "Porei minhas leis em sua mente e as escreverei no seu coração e eu serei o Seu Deus e eles serão o meu povo". O dia em que isso acontecer nós sentiremos a presença de Deus como nunca antes, e será novo dia.

Não aguarde perfeição, realize a sua reforma íntima em clima de paz, porque você terá de viver a encarnação inteira na reforma íntima.

CAPÍTULO 4

O SEGREDO DA REFORMA ÍNTIMA

Este tema me pôs a pensar, e a primeira pergunta que eu me fiz foi: *Por que não tem espírito puro fazendo palestra ou escrevendo no movimento espírita?* Porque o ideal seria que um anjo estivesse escrevendo e nos ensinando os segredos da reforma íntima, mas eu entendi que se trata de uma reserva de mercado.

Caso os anjos decidam fazer palestra, escrever livros e a exercer as demais atividades espíritas, nós não teremos oportunidade de servir, porque eles vão ocupar todas as frentes de trabalho, e não haverá mais serviço para nenhum de nós. Inicialmente, quero pedir desculpas em relação a uma constatação: quem escreve sobre o segredo da reforma íntima é alguém que ainda não a realizou. É alguém que também luta com suas próprias imperfeições e busca a própria reforma íntima sob as luzes do Evangelho e da Doutrina Espírita.

Mas, o primeiro segredo da reforma íntima é o seguinte: imagine que você pegue um avião e, após a decolagem, o comandante informa que: *Teremos de fazer um reparo, no ar*. Reforma íntima é fazer o reparo de um avião que já decolou. Nós precisamos ter consciência a esse respeito.

Você não vai paralisar a sua evolução para fazer a reforma íntima. Você não irá abandonar o seu espaço, o seu ambiente de deveres de trabalho, para poder se melhorar. E, além do mais, o fato de ser imperfeito não é uma desculpa para abandonar o seu dever.

Porque Deus não espera que você se torne perfeito para fazer o que tem de fazer. Porque sabe que é fazendo o que tem de fazer que você se torna perfeito. A nossa vida, a nossa encarnação é o meio de nosso aperfeiçoamento, e precisamos ter consciência disso.

De modo que, se você aguarda ser melhor para trabalhar, digo que a notícia não é boa, pois é melhor trabalhar e aguardar ser melhor. Porque à medida que trabalha, o trabalho age em você e, sem que perceba, a cada dia de trabalho na seara do Cristo você se torna um espírito melhor.

A Doutrina Espírita demonstra que não importa de onde você veio, não importa de que situação cármica você está vindo, nem o quanto de imperfeição ainda carrega, porque o ponto de partida não é o que vai definir o seu ponto de chegada. Nós somos espíritos imortais, criados para a felicidade e para a pureza.

Portanto, o nosso destino é a pureza e a bem-aventurança espiritual. No Evangelho, Jesus deixa na plataforma divina três orações: glória a Deus nas alturas, paz na Terra, boa vontade para com seres humanos. Pensando nesse grandioso projeto, que foi a vinda de nosso governador espiritual Jesus, ao orbe, nós ficamos a meditar.

Reforma íntima x perfeição

Na governadoria espiritual do orbe, Jesus conta com assessores divinos, espíritos puros que já construíram a glória espiritual em seus próprios corações. Espíritos que representam altas inteligências e potencial inimaginável de sentimento, de amor e de pureza. E por que será que Jesus não trouxe a sua equipe com Ele? Poderia ter selecionado doze espíritos puros e trazido para que eles fossem apóstolos e três mil anjos para encarnarem na Galileia. Imagine como seria o trabalho? Seria um trabalho sem dificuldades, sem imperfeições, sem falhas. Um trabalho que fluiria sem problema algum. Mas, eu lhe pergunto sinceramente: você se identificaria com essa equipe? Certamente que não haveria identificação com os cooperadores do Cristo se eles fossem perfeitos.

Às vezes, a pessoa fica sonhando em encontrar alguém perfeito para se casar. Caso você encontre alguém perfeito, fique longe da pessoa, não leve infelicidade para ela! Já imaginou o que seria conviver com uma pessoa sem defeitos? Você ofende, ela desculpa. Apenas você vai errar sempre. É irritante isso, porque o gostoso da convivência é dividir – uma hora você erra, outra hora o outro erra. E, assim, nós vamos revezando nas imperfeições.

Um aspecto bastante ilustrativo: talvez você não estivesse lendo este livro, não se identificasse com o autor, caso ele fosse perfeito. E sabe por quê? Porque somos iguais, porque estamos na mesma caminhada e ansiamos pureza, paz e aperfeiçoamento. É isso que nos identifica.

É como correr com um maratonista. O mais importante na maratona não é quem chega primeiro, mas correr, chegar. E nós todos aqui estamos nessa caminhada. Portanto, o primeiro ponto que gostaríamos de frisar em relação ao segredo da reforma íntima: não aguarde perfeição, realize a sua reforma íntima em clima de paz, porque você terá de viver a encarnação inteira na reforma íntima. Se você transformar o seu processo de aperfeiçoamento espiritual em guerra estará sempre inquieto, infeliz, impaciente, e a evolução espiritual é aproveitar a jornada. Porque você sempre estará se aperfeiçoando.

O único que não melhora é Deus. Deus é imutável, portanto, Deus está fora da reforma íntima. Por essa razão, quando o doutor da lei indaga Jesus com o elogio "bom mestre", Jesus pergunta para ele: "Por que você está me chamando de bom? Bom só o Pai". Nós estamos no caminho da bondade.

O ensinamento contido na mensagem denominada "A diferença"[20], de autoria de doutor Bezerra de Menezes, retrata bem a ideia de busca pela evolução espiritual. Em palestra no mundo espiritual, doutor Bezerra foi questionado por um ouvinte: *Doutor Bezerra de Menezes, eu não aguento mais esse movimento espírita e os espíritas, mas para falar a verdade, eu não aguento mais a mim mesmo! Deixa explicar para o senhor o porquê. Porque eu ainda sou invejoso, ainda tenho maldade dentro de mim, sou ciumento, sou, às vezes, nervoso e irritado. Às vezes, eu falo mal das pessoas, eu prejudico. Portanto, eu não estou preparado para esse trabalho que o senhor está nos convidando a fazer.* Doutor Bezerra ouviu com toda atenção e disse: *Meu filho, eu também. Todas essas imperfeições que você está dizendo, que o movimento espírita tem e que você tem, eu também tenho.* O encarnado, por sua vez, que estava desdobrado, arregalou os olhos, impressionado com aquela revelação. E doutor Bezerra complementou: *Mas há uma diferença. Antes eu corria na direção de*

---

20 Francisco C. Xavier / Irmão X. *Momentos de Ouro*. GEEM Editora.

tudo isso, eu achava bom ser invejoso, fazer mal para as pessoas, ser grosseiro. Eu corria na direção dessas imperfeições; hoje a diferença é que eu corro dessas imperfeições.

Hoje, nós já compreendemos que cada imperfeição do espírito lhe traz um gênero de sofrimento.

Kardec, inclusive, aborda esse exemplo. Ele assevera que o número de imperfeições corresponde ao número de sofrimentos que a pessoa tem na vida. Todas as imperfeições trazem um tipo de sofrimento, porém, às vezes, nós não temos o olhar para identificar o sofrimento que a imperfeição traz.

Vamos à exemplificação: sou uma pessoa calma; é muito difícil alguma situação me deixar nervoso. Mas, outro dia, levando o meu filho para a escola, fui fechado por alguém que quase bateu no meu carro. Naquele momento, veio à tona o meu passado espiritual; aquela multidão que vive em mim tomou conta, e eu abaixei o vidro da janela do carro, me preparando para aquele espetáculo de queda espiritual. Nesse momento, meu filho olhou para mim e perguntou: *Tá nervoso, pai?* Eu olhei para ele, pensei no que ia dizer e apenas balancei a cabeça. Em seguida, ele me questionou: *E se ele for alguém que vai nas suas palestras?* Então, eu subi o vidro da janela e respondi: *Aí o papai estará desmoralizado*. Imagine, a pessoa o fecha, você xinga, e ela fala: *Olha, eu assisto às suas palestras! Assisto aos seus vídeos.*

Nesse momento, eu entendi o que é a bênção do trabalho, porque nós estamos sob vigilância. Porque se nós não temos ainda a bênção da espontaneidade, que é característica dos espíritos superiores, porque os espíritos superiores são bons espontaneamente, nós pelo menos temos a bênção da disciplina. Somos um jumentinho com a carroça. Temos vontade de nos comportar feito um jumento, mas a carroça não deixa. E, por meio desse clima de disciplina e de esforço espiritual, com serenidade e paz, nós vamos reformando o avião enquanto ele voa.

O carro de nossa vida está em movimento. Eu vou usar outra metáfora: é como reformar uma casa com todo mundo morando dentro dela. Essa é a reforma íntima. Se você não conduzir com muita calma, vai se desesperar. É por essa razão que os espíritos nos esclarecem que um dos elementos da caridade é a indulgência.

Indulgência é quando você faz uma coisa, e quem o ama diz: *Ele está nervoso, não dormiu bem, está com um problema...* Isso significa que as pessoas que nos amam têm uma cota maior de tolerância para com aquelas partes de nós que ainda não foram iluminadas. E quem é capaz de viver sem indulgência? Qual relacionamento humano sobreviveria sem indulgência? Nós não pensamos nisso. E um fator importante – a indulgência que recebemos é também aquela que damos.

Quem é mãe, quem é pai sabe disso. Você precisa ter altas doses de indulgência para com os filhos, porque se você quiser corrigir todas as imperfeições ao mesmo tempo, vai enlouquecer seu filho ou ficar louco. E a vida vai perder o sabor, vai perder o sentido. Há de ter felicidade também na jornada, e é por isso que Chico dizia com toda a simplicidade e seu jeitinho: *Eu me sinto como um verme, como uma lesma que rasteja.* Então, você fala: *Nossa, coitadinho do Chico.* Mas, veja como ele complementa: *Uma lesma que rasteja sempre para frente.* Quantos de nós está rastejando em círculo? O importante é que o progresso, ainda que pequeno, seja constante e para melhor.

E quando nós nos voltamos para a história da vida dos cooperadores do Cristo, a história real, nós entendemos a razão de Jesus ter escolhido Simão Pedro para ser o líder do colégio apostólico. Simão Pedro, primeiramente um ancião em uma sociedade patriarcal, Ele era machista. Nós precisamos entender isso. Ele não aceitou Maria Madalena para trabalhar com eles na Casa do Caminho. Após se converter, ela passou a cooperar. Ela foi a primeira a receber de Jesus a mensagem da imortalidade da alma. No entanto, ela procurou trabalho, mas Simão Pedro não a aceitou: "Ah, Maria, não tem jeito. Teu passado te condena. Você ficar aqui convivendo com a gente não vai ser possível, não podemos te aceitar". E ela teve de buscar trabalho em outro local. Além disso, Simão Pedro era nervoso, bravo. Quantas vezes ele se precipitou, ao ponto de Jesus chamar sua atenção? Muitas vezes!

E por que nós falamos do caso especial de Simão Pedro? Porque ele acordava, tomava café e Jesus estava com ele, tomando café. Pescador toma café cedo. Ele ia para o barco pescar, Jesus estava ao lado dele; ia almoçar, Jesus almoçava com ele. Jesus dormia na casa dele. Isso durante três anos e, no entanto, ele teve dúvidas, titubeou no momento em que Jesus caminhava sobre o lago. E no momento mais importante, ele, corajoso, mas também impulsivo e impetuoso, disse: "Mestre, eu jamais vou te trair!" Nesse momento, Jesus olhou e falou: "Simão, o dia não vai nem amanhecer e você vai me negar, não uma, mas três vezes". E quando Simão Pedro pronunciou a terceira negação, foi que ele entrou no verdadeiro processo da reforma íntima, que é quando você se enxerga realmente do tamanho que é, porque os nossos olhos têm uma característica peculiar, a de aumentar a nós mesmos e diminuir o outro. Você se olha no espelho se vê sempre maior do que verdadeiramente é. E o outro, sempre menor. E naquele momento, Simão Pedro pôde se enxergar do tamanho que ele era. E se enxergar do tamanho que se é consiste no primeiro passo.

Porque você não será capaz de melhorar algo que não vê que precisa ser melhorado. Esse é o primeiro segredo: ver, enxergar, assumir, aceitar. Eu sou desse tamanho. As minhas dificuldades, lutas e lições são essas. Sem isso, não há como melhorar aquilo que acho que já é bom, que era o caso de Simão.

O amor verdadeiro

O mais importante é que a escolha de Jesus jamais se baseou no fato de Simão ter ou não ter imperfeições. Jesus sabia das imperfeições de Simão, todavia, o elegeu para ser o líder dos apóstolos, e o elegeu antes mesmo de ele o negar, sabendo que ele o faria.

Aqui vem o segundo ponto que precisamos entender, que se refere ao ato de amar. Uma mãe, por exemplo, ama mais seu filho hoje do que quando ele não sabia andar? Qual mãe passa a amar mais o filho porque ele ficou melhor? A mãe ama e ponto final. A experiência mais maravilhosa que eu tive na vida em relação a isso foi quando eu estava à frente de uma vara criminal, presidindo a cadeia pública de uma comarca. Por quê? Porque naquela oportunidade eu me dei conta de que todos os presos, em sua maioria, tinham mãe.

Eu sentenciava, prendia e logo a mãe chegava, e naqueles momentos eu podia testemunhar realmente o amor. Porque o amor verdadeiro não espera que o ser amado esteja perfeito ou que ele melhore para ser amado. Isso não é amor, isso é concurso: *Fique melhor, desempenhe mais, assim, você faz a prova e, se for bem-sucedido, eu te amarei.* O amor não aguarda desempenho. O que isso quer dizer? Quer dizer que você já é amado por Deus e ponto final.

Você sempre foi amado. E não há tolice, estupidez, maldade ou crueldade que você faça que seja capaz de diminuir um centímetro do amor que Deus tem por você.

Não perca seu tempo provocando Deus. Tudo o que fizer em termos de bobagem, loucura, crueldade trará sofrimento somente para você; entretanto, o amor de Deus não vai mudar em nada. Você não precisa virar um anjo para ser amado, pois já é amado. Você não é capaz de alterar os atributos de Deus.

Nós ainda não conseguimos entender essa verdade, porque o nosso amor é ainda um amor comerciante, é um amor retribuição. Mas, o amor divino é fonte que jorra, porque Deus é o amor da criação. Ele é perfeição e amor supremos e permanece nos amando, independentemente do nível de evolução em que estagiemos, ou os equívocos que, porventura, estejamos cometendo.

Um recorte de *Nosso Lar*[21], que me surpreendeu profundamente ao longo de todo o livro e, ilustra a nossa explanação, refere-se à intercessão por amor.

André Luiz vivia em uma cidade do interior, filho de fazendeiro rico e bem-sucedido. O pai, fruto de uma sociedade patriarcal e cuja esposa era "do lar", sentia-se poderoso, custeando o curso de medicina do filho no Rio de Janeiro e mais duas amantes. A mãe, dedicada à família, cumpria os deveres que Deus lhe havia colocado nas mãos. Com o passar dos anos, o filho doutor desencarnou e permaneceu no umbral por oito anos. O pai e as duas amantes provavelmente foram para um lugar um pouco mais extremo do

---

21 Francisco C. Xavier/André Luiz. *Nosso lar*. FEB Editora.

que o umbral. Mas, e a mãe? Ela foi para uma colônia superior ao *Nosso Lar*. E a história se desenrola. André Luiz, sabendo da situação do pai, busca ajudá-lo, porém sem sucesso. Ao reportar à mãe acerca de sua tentativa malsucedida de ajudar o pai. Porque, às vezes, não conseguimos sair das dificuldades não por falta de ajuda, mas por teimosia, a mãe faz-lhe a grande revelação: "Eu vou voltar à Terra e receber seu pai de novo como marido". "E quanto às duas?" perguntou André Luiz. "Vou recebê-las como filhas", respondeu o nobre espírito.

São os mecanismos de amor da justiça divina. Vamos construir a cena: o pai de André Luiz, encarnado em algum lugar do Brasil, casado e com duas filhas lindas, a quem ensinou apenas coisa errada. O que vai acontecer quando elas chegarem à adolescência? Certamente vão aflorar nessas duas criaturas todos os vícios que ele, o pai, anteriormente construiu. Portanto, é da lei que pelo amor seja ele agora o educador das duas, aquele que vai transformar. E vamos, ainda, imaginar no casamento dessas moças, o pai tendo de entregá-las e não querendo entregar. Portanto, é no ambiente sagrado do lar, o lugar perfeito para a renovação. Essa é a lição.

Floresça onde está plantado

É por isso que nós precisamos ter um olhar especial para os lugares onde Deus nos coloca, mas nem sempre nós temos. Eu me recordo de que, quando iniciei a carreira de juiz, cheguei a uma cidadezinha. A cidade é boa, mas para mim era difícil morar lá, tanto que, quando eu adentrei a cidade, me sentei na praça e chorei, pois teria de ficar ali por aproximadamente três anos.

Eu era o juiz da infância, e no dia seguinte fui chamado por uma freira que dirigia uma instituição que abrigava meninas em situação de risco, vindas de famílias desestruturadas, eram meninas que, às vezes, não tinham pai, não tinham mãe. A intenção da religiosa era me apresentar a instituição e conversar sobre os problemas. Quando a freira abriu a porta da instituição para me receber, olhou para mim, viu aquela tristeza estampada em meu rosto e disse: *Doutor, eu posso dizer uma coisa?* E eu disse: *Pode, por favor.* Ela continuou: *É que eu estou sentindo que Deus está me pedindo para dizer que a gente precisa aprender a florescer onde Deus nos plantou.*

Eu emudeci. Que lição, aprender a florescer onde Deus nos plantou, esse é o segundo segredo da reforma íntima.

Não espere um jardim ideal para você florescer. Floresça antes! Onde Deus o plantou.

Talvez onde você está, seja a última esperança de Deus. Ele conta com você, e é pelo seu intermédio que virá a renovação. Nós precisamos entender, compreender esses mecanismos da vida, cooperar, exatamente ali, onde você não acredita ser o melhor. Podemos questionar: *Mas logo aqui e nessa situação, meu Deus?*

Eu me recordo de que, na mocidade, eu participava de todo tipo de tarefa na casa espírita, porém não gostava de falar em público: *Gente, pelo amor de Deus, dessa tarefa eu não gosto. Eu não gosto de falar para público grande.* Hoje, eu tenho de ouvir todas as minhas palestras, e o primeiro ouvinte sou eu.

Essa é a bênção da Doutrina Espírita. Contudo, o que eu estou tentando dizer é: *Floresça.* Não escolha tanto o lugar, até porque nós não temos controle das circunstâncias; mas seja, com o poder que você tem nas mãos, o melhor que puder ser e, tão somente, dará a sua contribuição pessoal intransferível, única, onde Deus o colocou. Essa é uma lição que eu trago presente comigo. E todas as vezes que surge esse tipo de situação: *Ah, mas essa é uma tarefa pequena, tarefa grande é falar para um tanto de gente,* eu me reporto às personagens Alcíone, Lívia (esposa de Públio Lentulus[22]) e também no episódio narrado aqui acerca da mãe de André Luiz. Diante desses espíritos que,

---

22 Segundo o livro *Há Dois Mil Anos*, o senador romano Públio Lentulus foi uma das reencarnações de Emmanuel, mentor de Chico Xavier.

aos nossos olhos preconceituosos e distorcidos, pode parecer que tais pessoas viveram uma vida pequena e, no entanto, hoje são almas iluminadas, porque floresceram com todo o potencial onde foram plantadas. Eu me questiono: *O que é ser grande nesse mundo?*

O segredo é: ninguém é fiel no muito, se não for fiel no pouco. Se você não floresceu no pouco, não vai florescer no muito. Deus não está preocupado com tamanho. Você pode pensar: *Trabalho grande é aquele que tem alcance mundial.* Mundial do quê? De um planeta? O que é um planeta para Deus? Nós sempre seremos pequenos para Deus. Por isso, Deus não está preocupado com tamanho e quantidade, mas com a qualidade de seu gesto. Porque a pessoa caridosa é caridosa dentro de casa, com quatro pessoas, com cinco, com duas. Não há necessidade de uma multidão para mostrar a caridade que se faz. E essa consciência nós vamos alcançando, aos poucos.

Armadilhas da reforma íntima

Eu queria falar a respeito de algumas armadilhas da reforma íntima. Já abordamos alguns passos: humildade, reconhecimento da imperfeição, importância de fazer a reforma íntima com paz, com tranquilidade, lembrando que você está reformando um avião em pleno voo. Nós fazemos a reforma enquanto vivemos, trabalhamos e ficamos melhor. Contudo, há alguns segredos aos quais nós precisamos dar atenção.

No foco de nossa reforma íntima temos de atentar para três elementos:

O primeiro é o egoísmo, o segundo é o orgulho e o terceiro é o interesse pessoal.

Quando Kardec indaga aos espíritos: "Abstração feita dos vícios e das imperfeições é o que caracteriza os espíritos imperfeitos?" Em resposta ao questionamento de Kardec: "O interesse pessoal. Coisa rara é no mundo o desinteresse total". Quando eu li essa questão, passei a refletir porque, anteriormente, considerava que, se fossem tirados todos os vícios e imperfeições de uma pessoa, ela se tornaria espírito puro. Todavia, há um terceiro elemento: o interesse pessoal. O que realmente qualifica o espírito de puro é o agir desinteressadamente. Para nós, ainda é uma tarefa muito árdua, uma vez que sempre buscamos a preservação e a reserva de nosso interesse pessoal.

Na Grécia, desenvolveu-se um mito a respeito de um jovem muito belo, que um dia teria se embrenhado em uma mata e encontrado um lago. Ao olhar para as águas do lago, ficou tão apaixonado pela imagem que viu, que na tentativa de alcançá-la, caiu no lago e se afogou. Naquele lago teria brotado uma planta que leva o seu nome: Narciso. Narciso era alguém encantado e apaixonado pela própria imagem.

Em *Fonte Viva*[23], capítulo 101, Emmanuel apresenta uma mensagem intitulada "A cortina do eu", que eu gostaria de trazer para a nossa reflexão a respeito de reforma íntima. A mensagem fala do nosso ego, que se assemelha a uma cortina que impede a nossa visão sobre a vida. Tal qual Narciso, somos apaixonados por nós mesmos. Tão apaixonados que ainda não enxergamos o outro, não enxergamos a vida, tudo por causa de uma cortina, a cortina do eu.

Emmanuel ditou essa mensagem ao comentar o versículo 21 do Capítulo 2 de a *Carta de Filipenses* em que Paulo de Tarso escreve: "Procuram atender aos seus próprios interesses, não os interesses de Jesus Cristo". Paulo de Tarso comentava sobre os maus trabalhadores, falava dos servidores inadequados da seara do Cristo, cuja característica era a imperfeição. Eles trabalhavam para Jesus, amavam Jesus, aplaudiam Jesus. Hoje, falamos o nome de Jesus, choramos, ficamos emocionados, mas por que somos servidores imperfeitos? Porque buscamos nossos próprios interesses, não os interesses do Cristo.

Emmanuel ainda ensina: "Em verdade estudamos com o Cristo a ciência divina da ligação com o Pai". Essa é a mensagem central do Evangelho. O Evangelho quer que você esteja em comunhão com Deus, porque o dia em que atingir a comunhão com Deus, nunca mais sentirá solidão, nem desamparo. Antes,

---
23 Francisco C. Xavier/Emmanuel. *Fonte Viva*. FEB Editora.

vencerá qualquer dificuldade, porque sentirá Deus junto a você, permanentemente. Você quer isso? Eu quero. Entretanto, trata-se de uma ciência divina, e demora muitas encarnações até chegarmos nesse estágio. Primeiramente, você começa com internet discada, que é pelo menos o estágio em que eu me encontro, de vez em quando, dá sinal. Aparece aquela frequência de, e eu consigo uma conexão com Deus e fico animado, cheio de esperança, acreditando que vou conseguir, mas o sinal cai, geralmente na hora do download. Você está com a conexão e pergunta: O *que eu devo fazer?* Puff, caiu o sinal.

Mais além, você progride espiritualmente e consegue uma conexão 1G, uma conexão um pouco melhor. Você se aperfeiçoa, reencarna, sofre, luta, trabalha e obtém uma conexão 2G. Você passa a sentir a presença divina, o amparo, a intuição. Você se aperfeiçoa e começa a participar do nível dos espíritos superiores, que é uma conexão 3G. Essa conexão é um espetáculo, permite fazer *download*, assistir a vídeo longo. Nesse patamar estão os espíritos que conseguem permanecer conectados por muito tempo. Eles emanam paz e certeza de que Deus está no comando. Consequentemente, eles progridem ainda mais. E vem a internet 4G, 5, 6, e de vez em quando surgem alguns espíritos que parecem ter uma antena somente para eles. É a conexão direta, sem queda, aquela que baixa um filme em meio segundo.

Nós estamos aqui em um curso para melhorar nossa banda de internet, nossa conexão com Deus. Contudo, Emmanuel salienta que "por trás da cortina do eu, conservamos lamentável cegueira diante da vida". Porque o nosso ego é uma cortina.

Esse é o grande desafio da reforma íntima, porque eu olho para todo mundo me procurando.

Nós olhamos para as pessoas procurando por nós mesmos, esse é um desafio. Não tem problema você procurar alguém com quem tenha afinidade, isso é da lei. O problema é desvalorizar quem é diferente, porque quando você desvaloriza quem é diferente, está dizendo que Deus errou porque criou alguém diferente de você. *Por que Deus não criou todo mundo igual a mim?* Você já pensou todo o mundo cheio somente de você? Você sai para assistir a uma palestra, e é você o palestrante. Vai à padaria, o atendente é você. No restaurante, é você quem vai servir o prato, é você quem fez a comida. Na hora de se casar com a pessoa, é você. Tem um filho, é você. Só tem você. Imaginou que mundo desagradável? Que coisa desanimadora um mundo em que todo mundo é igual a você, até fisicamente? O que aconteceria se isso fosse possível? Você certamente não aguentaria.

Se nós, realmente, estamos à procura de comunhão com Deus, precisamos nos esforçar para entender a perspectiva de Deus. Para exemplificar: eu tenho dois filhos, e alguém fala: *Escolha um.* Não escolho. O que pode acontecer é de se ter mais afinidade com um do que com outro, ter mais proximidade, isso é natural, mas dizer que prefere um ao outro, isso não existe.

A diversidade é um dos atributos de Deus. Toda obra da criação é rica em diversidade. Imagine uma lei que entrasse em vigor amanhã no Brasil: todos os cachorros serão de uma só raça. E se escolherem uma raça que não é a do seu cachorrinho? Parece surreal a ideia, mas, às vezes, nós nos comportamos desse modo diante da vida, com essa incapacidade de reconhecer o outro diferente de mim. Por quê? Porque tem uma cortina do eu impedindo a minha visão. Emmanuel prossegue: "Examinemos imparcialmente as atitudes que nos são peculiares nos próprios serviços do bem". Em outras palavras: vamos examinar o trabalho no bem, de que somos cooperadores iniciantes e observemos que, mesmo em assuntos de virtude, a nossa porcentagem de capricho individual é invariavelmente enorme. Nós somos servidores, trabalhamos no bem, mas com muito capricho.

Capricho são exigências descabidas, não razoáveis. Emmanuel dá um exemplo: "A antiga lenda de Narciso permanece viva em nossos mínimos gestos, em maior ou menor porção. Em tudo e em toda parte, apaixonamo-nos pela nossa própria imagem". Em tudo e em toda parte. Dizemos: *Nossa, mas essa instituição é tão parecida comigo*, e nos apaixonamos por aquela instituição. Saímos pelo mundo procurando espelho. Espelho, espelho meu... a cortina do eu... nos seres mais queridos.

Observemos o mecanismo: nós nos amamos tanto que, se os nossos familiares demonstrarem pontos de vista diferentes dos nossos, ainda que superiores aos princípios que esposamos, instintivamente, enfraquecemos a afeição que lhes consagrávamos. Enquanto a pessoa pensa igual a nós, recebe afeição. Se ela pensar melhor, retiramos a afeição, instintivamente. O que significa isso? Significa um fenômeno muito curioso na reforma íntima.

Quando você começar a melhorar, algumas pessoas vão passar a amá-lo menos, e muitas vezes essas pessoas são as mais próximas de você.

Porque, enquanto você era igual a elas, o amor jorrava feito uma cachoeira. Mas, você melhorou, não reflete mais a pessoa integralmente. Por sua vez, o outro tira um pouquinho de amor. E algumas vezes nós fazemos exatamente igual. Mas, a pessoa melhorou! Por isso mesmo. Ela melhorou, deixou de ser igual a mim. Redução da afetividade. Nós temos de estar preparados para enfrentar e também preparados para não fazer o mesmo. A nossa dose de amor deve permanecer constante, mesmo que o outro mude, para pior ou para melhor.

Esse é um segredo da reforma íntima. E Emmanuel complementa: "Nas obras do bem a que nos devotamos, estimamos, acima de tudo, os métodos e processos que exteriorizam o nosso modo de ser e de entender, porquanto, se o serviço evolui ou se aperfeiçoa, refletindo o pensamento de outras personalidades acima das nossas, operamos quase sem perceber a diminuição do nosso interesse para com os trabalhos iniciados".

Hoje, um dos meus maiores temores refere-se à casa espírita. Quando uma casa espírita melhora, alguns frequentadores e trabalhadores deixam de comparecer, pela razão de ela não refletir mais aquelas personalidades que fundaram a casa. Evoluiu, por sua vez, a pessoa não se enxerga mais na casa e diminui o interesse. Ela não verbaliza, mas passa a frequentar menos. No entanto, quando ela desencarnar, não será preciso dizer, porque estará gravado no perispírito. E por conseguinte, os benfeitores questionarão: *Pois é, você diminuiu o interesse pelo trabalho. Ah, mudou muito. Eu sei, meu filho, melhorou muito.*

Aceitamos a colaboração alheia, mas sentimos dificuldade para oferecer o concurso que nos compete. Emmanuel assevera: "Se nós nos achamos em posição superior, doamos com alegria uma fortuna ao irmão necessitado que segue conosco em condição de subalternidade, a fim de contemplarmos com volúpia as nossas qualidades nobres no reconhecimento de longo curso a que eles se sentem constrangidos". Por conseguinte, você está em posição melhor e ajuda, e a pessoa lhe agradece por um ano, dois, cinco, dez anos, e você sente prazer. Por quê? Porque você acha que foi generoso.

Raramente concedemos um sorriso de boa vontade ao companheiro mais abastado, ou mais forte, posto pelos desígnios divinos à nossa frente. Você já percebeu que toda vez que falamos em caridade, nos imaginamos ajudando alguém? Contudo, a posição contrária é mais difícil. Imagine-se deprimido entrando na casa espírita e sendo ouvido e aconselhado.

Esse é o desafio da *Parábola do Bom Samaritano*, em que o doutor da lei pergunta: "Quem é o próximo?" E Jesus o leva, pela imaginação, a assumir o lugar daquele homem caído no chão e ainda o faz se perguntar: "Se você fosse o caído, quem seria seu próximo? Quem te estendeu a mão?". E é muito bom quando você tem o recurso que pode atender o necessitado. Difícil, porém, quando se é o necessitado. É muito confortável trazer uma palavra de consolo; o difícil é precisar de uma palavra de alento, porque, nesse momento, abre-se a cortina do eu e percebemos que o mundo é muito maior do que nós mesmos. Há mais seres além de mim. Há muitas pessoas valiosas e elas não se parecem comigo.

Em todos os passos da luta humana, encontramos a virtude rodeada de vício e o conhecimento dignificante quase sufocado pelos espinhos da ignorância, porque infelizmente cada um de nós, de modo geral, vive à procura do eu mesmo.

Essas são armadilhas às quais nós precisamos ficar atentos. Segundo Emmanuel: "... graças à bondade de Deus, o sofrimento e a morte nos surpreendem, na experiência do corpo e além dela, arrebata-nos aos vastos continentes da meditação e da humildade, em que aprenderemos pouco a pouco, a buscar o que pertence a Jesus Cristo, em favor de nossa verdadeira felicidade, dentro da glória de viver".

As experiências da morte, da dor e do sofrimento abrem a cortina. Emmanuel denomina a desencarnação de "mão niveladora da morte", porque no primeiro segundo depois de morto, todo mundo é igual. Vamos imaginar: você acaba de desencarnar e diz: *Mas eu tenho 300 imóveis*, o seu guia rebate: *Tinha. Tenho! Tinha, já estão dividindo no seu velório.* E eu não me refiro somente a bens físicos, mas também a funções, ocupações.

Para a mão niveladora da morte não há melhor, nem pior, é tudo igual. Nós desencarnamos igualmente. A única diferença incide no aproveitamento da encarnação. Há na obra *Voltei*[24] um recorte bastante divertido que exemplifica a nossa explanação. Irmão Jacob (nome fictício de Frederico Figner – o homem que trouxe o disco de vinil para o Brasil, dono da Odeon, amigo pessoal de Thomas Edison e diretor da Federação Espírita Brasileira), quer dizer, um homem influente, foi doutrinador do início do século XX e bravo. Era desse jeito que conversava com os espíritos, chegava a apontar o dedo. Esse homem era tão bravo que um dia deu voz de prisão a um espírito: *Você está preso!*

Mas, um dia irmão Jacob desencarnou. No velório, compareceram dois espíritos que ele doutrinara e que haviam discutido com ele na reunião. E os espíritos ficaram no ambiente, aguardando-o sair do corpo,

---
24 Francisco C. Xavier/Irmão Jacob. *Voltei*. FEB Editora.

e um comentou com o outro: *Pois é, agora eu quero ver a condição espiritual dele, porque ele falava tanto*. E após certo tempo, irmão Jacob desprendeu do corpo, e os dois irmãos aguardavam. Perplexos, eles disseram: *Ah, agora nós queremos ver. Nossa, olha a luzinha dele! Quase não tem luz. Está quase igual a gente*, e os dois começaram a rir. E no momento em que Frederico Figner olhou para si e constatou que sua luzinha era fraca, esmaecida, ele se sentiu profundamente deprimido. Foi doutor Bezerra de Menezes quem veio em seu auxílio.

É muito importante pensarmos nesse aspecto do processo da reforma íntima, que é tirar essa cortina do eu. Porque, às vezes, não somos capazes de reconhecer, de ver qual é nossa real situação. Nesse sentido, a morte é essa mão niveladora.

Outra mão niveladora que torna todos os seres humanos iguais é a dor. Independentemente de credo, cultura ou classe social, a dor nivela todos. Quando um evangélico enterra um filho, por exemplo, dói mais ou menos do que quando um espírita enterra? Dói igual.

A dor, segundo *O Evangelho Segundo o Espiritismo*[25], nos iguala. Vem a poderosa força da Doutrina Espírita que fala para a dor humana. O Espiritismo

---

25 Allan Kardec. *O Evangelho Segundo o Espiritismo*. FEB Editora.

não está preocupado se você é judeu, muçulmano, evangélico, católico, mãe de santo ou pai de santo – ele fala para a sua dor.

Pode amar sem medo, porque você nunca vai perder quem você ama. Ninguém morre.

E o Espiritismo diz mais: Vai passar, não importa a tormenta que está causando um terremoto em sua existência. Porque nós somos peregrinos da eternidade. Nós somos espíritos imortais, em uma marcha surpreendente. Cada trecho da jornada, certamente, vai deixá-lo perplexo, mas você prossegue, vivo. Por isso, a força com que o Espiritismo fala a todos os corações do planeta Terra, sem a intenção de tirar ninguém de sua religião. O Espiritismo vem apenas trazer consolo para cada um no lugar onde Deus os plantou. Às vezes, o indivíduo nasceu para ser budista, é o compromisso dele. Então, por que tentar trazê--lo para o grupo espírita? O Espiritismo é o Consolador prometido da humanidade para todas as crenças, religiões, povos, culturas, gêneros e opções sexuais, para todos.

Até hoje, eu vou confessar que eu me surpreendo com essa força consoladora da Doutrina. Porque o amor não tem fim. Outro dia eu estava em uma reunião mediúnica, quando uma entidade se manifestou chamando uma pessoa que estava chegando à reunião pela primeira vez. Diante da pessoa, um espírito feminino disse: *Você não se recorda de mim com a memória da carne. Agora, nesse corpo que está, você não é capaz de se lembrar de mim, mas eu vim dizer que eu te amo como uma mãe. Eu te avalizaria quantas vezes fossem necessárias, e eu não me esqueci de você.* A pessoa ficou chocada, e o espírito, por sua vez, complementou: O *que mais me dói é quando você diz ou pensa que está desamparado, porque eu nunca saí do seu lado.*

Você já se imaginou mãe no mundo espiritual, acompanhando um filho que já se esqueceu de que é seu filho? E não sabe mais quem é você e, às vezes, essa pessoa está em uma luta, passando dificuldade, porque encarnação é uma prova atrás da outra, e ela se sente sozinha. Todavia, você está do lado, mas ela não se lembra de você. Acho que esse espírito não aguentou, e no primeiro dia que a pessoa foi à reunião, os espíritos falaram: *É para trazer o fulano aqui para a mesa.* Trouxeram, e o espírito fez um desabafo: *Pare de falar que está sozinho. Eu nunca saí do seu lado, em nenhuma das dificuldades que você passou. Desamparado você nunca esteve.*

E por fim, reforma íntima, sem essa certeza, é desespero, não é melhoria. Por que eu me transformo e encontro forças para me tornar melhor? Porque eu sei que vale a pena.

Eu sei que vou viver, que o amor vai durar, que eu vou poder corrigir e reparar. Eu sei que serei puro, e que a minha própria luz vai brilhar. E um dia, todos nós tomaremos posse de nossa herança de felicidade sem mescla, felicidade sem oscilação, que é a felicidade dos espíritos puros.

Para você que
alimenta a
expectativa de
que não vai morrer,
não vai adoecer
e nem envelhecer,
eu não tenho
uma notícia boa
para lhe dar.

CAPÍTULO 5
A FELICIDADE É DESTE MUNDO?

Gostaria de começar nossa reflexão a respeito desse tema com algo que ouvi de um amigo, que era uma brincadeira, mas que apresenta um conteúdo muito profundo. Ele disse: *Vou definir felicidade de uma maneira simples, usando uma operação matemática básica – a subtração, que consiste em: felicidade é igual à expectativa menos realidade.*

FELICIDADE = EXPECTATIVA – REALIDADE

Quando você tem uma expectativa, e a realidade se ajusta feito uma luva naquela expectativa, você diz: *Que felicidade.* O problema é que a realidade é mutável, e a sua expectativa também. É o caso, por exemplo, de um senhor que vende pão de queijo em uma estradinha, ao sul, no estado de Minas Gerais. A questão é que o pão de queijo dele é tão bom que ele colocou uma propaganda: *Tão bom, mas tão bom, que dá dó de vender.* E de fato, é um dos melhores pães de queijo que há em Minas Gerais.

A propaganda do produto, por si só, expressa a expectativa de seu fornecedor, que é a de ficar com o pão de queijo. Com isso, ele criou um problema conjugal, porque enquanto a mulher quer vender o produto por razões financeiras, ele demonstra apego artístico ao pão de queijo que faz.

Portanto, ao começarmos a pensar sobre o conceito de felicidade, nós precisamos atuar e refletir acerca de dois pontos importantes: a realidade do mundo em que vivemos e as nossas expectativas.

Realidade

Na filosofia budista, existe um pensamento que me encanta profundamente. O budismo trabalha quatro Nobres Verdades. Vou pedir licença poética para usar a terminologia espírita eu vou utilizar "quatro elementos da existência corporal". Se você preferir, posso chamar de quatro problemas da existência corporal:

Nascimento, morte, doença e envelhecimento.

A partir do momento que você encara a existência corporal, considerando esses quatro elementos, há certo impacto na expectativa. Se você não entendeu, eu vou lhe explicar: todo mundo vai morrer. Sentiu? É da existência corporal a morte. Se isso não o assustou, agora eu vou assustá-lo de verdade: todo mundo vai envelhecer! Virou pânico, não é mesmo? *Ai meu Deus, eu vou envelhecer.* Sim, vai envelhecer.

Eu vivenciei essa experiência recentemente, quando visitei o médico e descobri um problema na coluna. No meu entendimento, o problema havia surgido de repente. Todavia, a resposta do médico não deu margem a dúvidas: *É bom você começar a se acostumar com isso a partir dessa idade.*

Todos nós envelhecemos. O envelhecimento significa que você gastava certo tempo para percorrer um trecho, e cada vez você vai gastar mais tempo para percorrer o mesmo trecho; você fazia várias atividades em um espaço de tempo, e cada vez vai fazer menos atividades nesse mesmo espaço de tempo. Você apresentava certo vigor para atuar, mas esse vigor, aos poucos, vai diminuir, e eu não sei precisar o quanto, mas certamente vai diminuir. O envelhecimento é um prelúdio para o fim da existência corporal.

Além da certeza do desgaste e da morte do corpo físico, nós temos outro elemento: o adoecimento. É uma hérnia de disco, uma catarata, uma angina, uma hipertensão. Tudo isso vai nos dando dimensão do que é nascer, do que representa o que os espíritos vão chamar de "vicissitudes da vida corporal". E não estou levando em conta ainda a lei de causa e efeito, nem examinei ainda seus débitos. Não importa em que ordem você está na escala espírita, se você é um espírito imperfeito, superior, puro. Pode ser que exista algum espírito puro lendo este livro; contudo, a minha intenção não é ofender ninguém. Está encarnado? Seja bem-vindo ao nascimento, morte, envelhecimento e adoecimento.

Ainda que não seja um processo de doença, o adoecimento pode ser o simples desgaste da estrutura física. Esse é o cenário. Estou escrevendo sobre felicidade, e para você que alimenta a expectativa de que não vai morrer, não vai adoecer e nem envelhecer, eu não tenho uma notícia boa para lhe dar.

Nesses termos, a felicidade não é deste mundo. Desse modo, logo de início, nós temos quatro questões, pelo simples fato de termos nascido. Aliás, é interessante pensar no próprio nascimento, porque, no útero materno, estávamos tranquilos – bastava clicar no aplicativo da fome, e a comida vinha pelo cordão umbilical; não precisávamos respirar; a temperatura era sempre constante, nem frio, nem quente; não chovia, não havia inverno, nem verão. Mas, de repente, surge o médico e nos coloca de cabeça para baixo, corta o cordão umbilical e nos tira de dentro daquela banheira de hidromassagem onde estávamos confortavelmente acomodados. Então, nascemos!

E na condição de encarnado, há outros aspectos da vida corporal a serem considerados e um deles é filosoficamente profundo, pois se refere à memória. Enquanto encarnado, você perdeu consideravelmente a memória. Qual era o seu CPF na última encarnação, por exemplo? Você não se lembra. Qual foi a última pessoa, no mundo espiritual, a quem você disse adeus antes de encarnar? Com quem você discutiu sua programação espiritual? Como se chama o seu benfeitor?

Você, aqui neste planeta, porta uma memória totalmente limitada. Ao seu lado podem estar um, dois, três, ou vários espíritos a quem você é profundamente ligado, mas não se lembra de quem eles são. Eles podem ser os seus fiadores; afiançaram sua encarnação. Afirmaram assim:

– Vai encarnar.

Em resposta ouviram:

– Mas, nessa encarnação, ele não tem condições de pagar esse aluguel.

E em sua defesa:

– Eu vou ser o fiador, eu confio nele.

Quem foi seu fiador? Você não sabe. Essa perda da memória espiritual nos coloca em condição mais limitada ainda. Se você está com expectativa muito alta, já percebeu aonde quero chegar.

Há, também, outros aspectos. Você estava no mundo espiritual e disse:

– Você vai ser minha mãe?

– Sim, vou ser sua mãe.

– Você vai ser meu pai?

– Sim, vou ser seu pai.

– Vocês serão meus irmãos?

– Sim, seremos seus irmãos.

Você veio junto de sua mãe? É evidente que sua mãe e seu pai precisaram vir antes de você. Mas, a questão não é esta, mas sim explicar que todo mundo não volta junto. Viemos em momentos diferentes e regressaremos ao mundo espiritual em momentos distintos. Todavia, a ordem não é linear. Seu irmão e sua irmã que vieram antes de você podem voltar antes, você pode voltar antes de sua mãe esse é um outro elemento da existência corporal.

A existência corporal não é o destino; ela é o trajeto, o percurso. Ela é temporária.

O problema é que grande parte da humanidade encarnada hoje no orbe acredita que esta existência é a verdadeira e a definitiva. Se a expectativa é essa, expectativa menos realidade resulta em quê? Expectativa: mil, realidade... O que vai sobrar? Vai sobrar angústia existencial, o que nós estamos vivendo hoje.

Esses são os contornos da existência corporal. O que esperar dela? É preciso fazer um ajuste radical de expectativas, uma vez que as pessoas de sua família, as pessoas que você ama não voltarão ao mundo espiritual na mesma data que você.

Essa reflexão está parecendo até uma prática de quiromancia. A pessoa pega sua mão e diz: *Hum, alguém de sua família vai morrer.* É claro que alguém de sua família vai morrer. *Eu vejo alguma doença.* Eu vejo várias. *Pela linha de sua mão, a cada dia você vai envelhecer.* É da natureza da existência corporal. Há ainda outro elemento que eu quero abordar aqui.

A lei de evolução é uma lei de responsabilização.

Existe uma lei divina de responsabilização. O que é responsabilização? O responsável tem de assumir a liderança do processo de solução. Eu venho na encarnação com um corpo bom, tão bom e saudável que dá um dó de morrer, envelhecer e adoecer. A partir dessa constatação, o que eu faço? Por uma série de excessos eu passo a martelar esse corpo, dia a dia, sucessivamente. Contudo, do ponto de vista da minha administração do meu corpo, eu desencarno, e a minha consciência me diz: *Você foi um irresponsável!*

No momento de você receber os empréstimos, não propriedade, você fala: O MEU corpo. Porventura, em seu velório, você vai carregar seu corpo? Não, não vai.

No momento de definir os empréstimos, a lei de responsabilização determina que cada um receba os bens do jeito que deixou. Se acaso você deixou o corpo em lamentáveis condições, como será o seu próximo corpo? Igual ao que você deixou. Como é que será seu relacionamento afetivo? Igual ao que você tinha.

Você pode estar pensando: *Pelo amor de Deus, não vai ter um espírito puro para casar comigo, para me livrar dessa lei de causa e efeito?* Não.

E com quem eu vou me relacionar? Com as mesmas pessoas. E em que estado elas estarão? Do jeito que eu as deixei. Aquele indivíduo, que pensou que com dinheiro comprava todo mundo, agora pode vir sem dinheiro; aquele que abusou das forças físicas pode vir com o corpo frágil e debilitado; a pessoa que saiu se vinculando a inúmeros corações, fazendo promessas e provocando lágrimas, pode vir a experimentar a solidão, o abandono, a traição, a infelicidade conjugal.

Em resumo: morrer, adoecer, envelhecer, memória, lei de causa e efeito. Esse é o panorama da vida corporal. A afirmação: *Nós viemos aqui para ser felizes.* Está certa ou errada? Depende.

Depende da expectativa que você alimenta. Por quê? A realidade é do jeito que é. Assim, qual o programa de felicidade que honestamente eu posso divulgar sem me tornar vendedor de fantasia? O programa de felicidade que parta da educação das expectativas.

Expectativas

Eu preciso aprender conteúdos que amadureçam as minhas expectativas. E eu posso afirmar, de alma aberta, que esse conteúdo, esse programa de amadurecimento de expectativas está completo na Doutrina Espírita. Porque consola. Porque não nos ilude. É a vida real.

Você está encarnado? Bem-vindo às vicissitudes da vida corporal. Fazer o que agora? Preparar a estrutura emocional e psíquica para receber as vicissitudes da vida corporal. Por meio delas, ajustam-se as expectativas e aprende-se a compreender o propósito das coisas. Há informações de que muitos espíritos, apegados ao corpo e que deixaram de lado as questões do espírito, ao desencarnarem tiveram maior dificuldade em deixar o corpo e os investimentos realizados nesse corpo. Muitos pensam: *Meu Deus, investi tanto neste corpo, deixei de viajar, de comer glúten, reduzi o açúcar, fiz dieta low carb, plástica, botox e agora esse danado está aí se desvanecendo na minha frente...*

Que lição podemos extrair desse exemplo? Quando eu educo as expectativas eu consigo fazer projetos maduros de felicidade na Terra. Caso você discorde desse raciocínio significa que está em um projeto pueril, infantil de felicidade, ou seja, você ainda está construindo sobre areia. E virão a chuva, a tempestade, e o seu projeto de felicidade irá na correnteza. Mas, nós podemos fazer um projeto maduro de felicidade? Devemos.

Esse projeto de felicidade deve levar em conta uma série de aspectos.

Primeiro – entenda que você é um espírito imortal, então tenha projetos eternos.

Não estou dizendo que todos os seus projetos devam ser eternos. Claro que você pode, por exemplo, ter um desejo imediato; o de comprar o carro de seus sonhos, fazer uma plástica, colocar botox. Você trabalhou, compre, faça. Contudo, trata-se de um projeto de categoria perecível. No seu projeto de felicidade, você precisa mesclar planos considerando a sua imortalidade.

A fim de não tornar este texto apenas filosófico, abstrato, eu vou apresentar algumas sugestões, porque, segundo as sagradas escrituras, o verbo se fez carne; portanto, precisamos dar um pouco mais de concretude às nossas ideias. Eu vou compartilhar aqui alguns itens que compõem um projeto de felicidade maduro. E um dos itens que não pode faltar no seu projeto de felicidade é um plano de pagamento de seus débitos cármicos.

Grande parte de nosso sofrimento deve-se ao fato de resistirmos aos processos da vida que visam à nossa purificação espiritual. Nós nascemos com um conjunto de dificuldades, de questões que vão ser resolvidas. Ao resistir, você sofre dez vezes mais do que é necessário.

Eu vou contar um caso muito ilustrativo. Quincas, irmão de Marival Veloso, amigo de Chico Xavier, tinha um escritório de contabilidade. Certo dia, ele chegou ao escritório e encontrou o local devastado. Os assaltantes entraram, levaram o que puderam e destruíram o que havia sobrado. À noite, haveria reunião com Chico. Quincas chegou triste à reunião, dizendo: *A felicidade não é deste mundo. Eita, mundo difícil.* Chico, ao perceber o desassossego de Quincas, deu-lhe o braço e se pôs a caminhar enquanto acariciava o braço do amigo.

– O que foi, Quincas?

– Ah! Chico, aconteceu isso, isso, isso e isso.

Pacientemente, Chico ouviu toda a história, sem interrompê-lo. Mas, à medida que ele narrava o fato, ele colocava certa emoção em sua fala: *Levou meu computador, Chico, estou pagando a prestação ainda. Estou sem nada. E agora? E ainda tem os clientes.*

Ao final do relato de Quincas, Chico refletiu por cinco segundos e disse:

– Poxa, meu irmão, é tão bom devolver.

Você percebeu?

Agora, vou narrar uma experiência pessoal. Há muitos anos, ao passar na magistratura, eu pensei: *Agora vou comprar meu apartamento*. E comprei o apartamento na planta, paguei religiosamente as prestações; aliás, pagava um dia antes do vencimento. No dia em que paguei a última parcela, eu recebi um telefonema: *Alô, a construtora faliu*. É tão bom devolver. Mas, não é fácil.

Então, deixa eu lhe dizer: você chegou aqui na Terra carregado, você nasceu um espírito carregado e, à medida que passa por vicissitudes, imagine que um perfume vai saindo de sua alma, como se estivesse tomando um esfregão, um sabão lavanda, e você vai ficando cheiroso e limpo. Ao continuar nessa toada, vai virar espírito puro. Percebeu?

Há um item que tem de constar em seu projeto de felicidade na Terra – purificar a sua alma.

Não brigue com os processos de purificação de sua alma. Você vai sofrer ainda mais. Você vai sofrer mais que o necessário. Por isso, Jesus disse: "Se alguém te pedir a túnica, dá a capa", ou seja, acabe logo com isso. Carma é um negócio que se parece com um ímã; ele vai atraindo as coisas para você. Quando você tem um carma, o voo de todo mundo sai, só o seu atrasa. Você está com o seu carro, passaram mil veículos, mas o seu passou no prego e furou o pneu. Não é? Alguém até tentou passar no prego, mas o prego disse: *Não sou seu não, sou daquele que está vindo aí.*

Logo, você tem de gostar das vicissitudes, porque elas são o meio para limpar a sua alma. Que bom, purificou. Após tantas coisas, eu, hoje, me sinto mais limpo.

Dar e amar já é felicidade. Amar o simples fato de ser capaz de amar consiste em ganho. O simples fato de você "poder querer" doar e doar-se já é um ganho, independentemente do resultado. Então, deixe eu dizer uma coisa – não permita que a ingratidão do outro controle o seu amor. Não permita que a perversidade do outro controle a sua idoneidade. Porque o erro nunca é de quem confia. Parece até letra de música: *Eu me doei e não recebi nada em troca, eu amei e não fui amado.* Isso é letra de samba, samba de uma nota só. "Tristeza não tem fim, felicidade sim". Por quê? Você está focando nos resultados do amor, quando o verdadeiro amor se alimenta do ato de amar. Vamos a mais um exemplo.

Antes meu filho chegava e falava:

– Nossa, o papai é tão alto.

Agora que ele está quase do meu tamanho, ele chega e diz:

– Barriguinha, hein, está com barriga!

Mas quer saber? Não tem nada que ele faça que retire a minha alegria de amar meu filho.

Se você leu *Ave, Cristo!*[26] e entendeu a trajetória do personagem Quinto Varro, que encarnou duas vezes por causa de Taciano, você ama. Quem é mãe, pai, avô, avó sabe bem o que eu estou dizendo: você ama e ponto final, e o amor se alimenta do próprio ato de amar.

Precisa ter isso no seu projeto de felicidade, sabe por quê? Eu vejo muitas pessoas infelizes que acreditam não ser amadas, quando na verdade, são infelizes porque não conseguem amar. Elas não sabem se doar sem esperar algo em troca. E o teste do amor é a ingratidão. Você vai saber se ama mesmo, somente quando a pessoa lhe retribuir com ingratidão. Desse modo, você vai falar: *Valeu, passei no Enem, agora eu amo. Agora eu sei que eu amo.* E o amor preenche a vida; ele tem de estar no seu projeto de felicidade.

---

26 Francisco C. Xavier/Emmanuel. *Ave, Cristo!*. FEB Editora.

Segundo – chega uma hora na vida, ou melhor, existem várias horas na vida, em que você tem de decidir. Você olha para o lado e olha para outro, não tem ninguém; olha para a frente e para trás, e também não há ninguém.

E mesmo que tivesse, não resolveria o seu problema. Nessa hora, você vai entender a importância e a vitalidade de ter conexão com a fonte da vida, com o autor supremo da natureza – como diz André Luiz: "O autor da vida".

No seu projeto de felicidade, deve ter esse ingrediente: conexão com Deus. Neste momento, você pode perguntar:

– Eu vou adoecer, envelhecer, morrer, perder as pessoas que eu amo, passar por vários problemas, experimentar a dor até o último volume, e você ainda quer que eu tenha conexão com Deus? Que Deus é esse que deixa uma criança de 2 anos morrer de câncer no rim? Que Deus é esse que permite que um míssil erre a mira e atinja um avião, matando 136 pessoas? Quer que eu tenha conexão com esse Deus?

Certa vez, um rabino foi questionado:

– Rabino, Deus sabe todas as coisas?

– Sabe todas as coisas.

– Deus pode todas as coisas?

– Pode todas as coisas.

– Então, qual a necessidade da prece? Ele já sabe tudo, já sabe o que eu quero. Ele pode tudo, portanto, Ele pode mudar o que eu quero. Por que eu preciso orar?

E o rabino perguntou:

– Quem falou que, quando você ora, é para dar informação para Deus?

Você acredita mesmo que, quando ora, está informando algo a Deus? Não. Quando você ora, está educando o seu desejo, as suas expectativas. Se a prece é atendida, significa que sua expectativa e seu desejo estavam alinhados. Se ela não é atendida, ou se ela não é atendida agora, é porque algo precisa melhorar no seu desejo e na sua expectativa. Você precisa crescer um pouco mais, ou para merecer o que está pedindo, ou para saber pedir. Por quê? De acordo com Emmanuel: "Porque a providência divina não pode descer para errar conosco".

Assim sendo, quem tem de subir? Nós? Não fale nós, mas eu! Porque "nós" é a sogra, é a esposa, o filho... não sou eu. Eu preciso me elevar, educar meus desejos, interagir com Deus. Ele vai responder. E lembre-se de que aprender a conviver com o "não" de Deus faz parte de seu processo de felicidade.

A felicidade

Nesse projeto, dá para ser feliz como se estivesse em um mundo ditoso? Não. Enquanto você estiver em um corpo físico, não é possível ser feliz como se estivesse em um mundo ditoso. Dá para ser feliz com dignidade? Sim, é possível. Pague com alegria, devolva com alegria, conecte-se com Deus. Aprenda a se sentir feliz com o fato de amar e de ter alguém para amar. Torne sua vida repleta de brilho. Você sabe do que nós, espíritas, estamos precisando? Não é de espiritualizar o que já é espiritual. Nós precisamos espiritualizar o que é material. Nós temos é que espiritualizar o nosso cotidiano. O seu café da manhã deve ser um culto no lar. É disso que nós estamos precisando: transformar os momentos mais singelos da vida em momentos de riqueza espiritual, como Chico fazia. Espiritualizar o cotidiano. Trazer essa felicidade da vida futura para cá, para agora, mas com o pé no chão, ajustando as expectativas e compreendendo a realidade.

Quando um espírita
ingressa no caminho
do autoconhecimento,
ele o faz com um farol,
que lhe permite entrar
e sair, e esse farol
é Jesus.

CAPÍTULO 6

DESCOBRINDO QUEM EU SOU

Vamos fazer uma reflexão sobre o autoconhecimento à luz da Doutrina Espírita, que é um pouco diferente das demais propostas de autoconhecimento, embora nenhum espírita seja estimulado a desprezar a contribuição da ciência e das demais áreas do conhecimento. Nós, espíritas, fomos estimulados pelo próprio Allan Kardec a nos manter atualizados com todas as frentes do conhecimento humano. Portanto, o espírita deve ser alguém que reverencia, respeita e estuda a psicologia, as ciências sociais, a antropologia e todos os ramos do saber humano que se debruçam sobre o ser humano na busca de compreendê-lo.

Ao nos referirmos ao autoconhecimento à luz da Doutrina Espírita, não podemos nos esquecer de duas orientações fundamentais.

A primeira orientação – nós não fazemos o processo de autoconhecimento como alguém que penetra em um labirinto sem expectativa de poder sair dele. Basta lembrar que muitos pesquisadores da psicologia e do ser humano terminaram suas carreiras pela porta do suicídio, porque penetraram em um labirinto tão tormentoso e se fixaram excessivamente nas mazelas, nos defeitos, nas dificuldades do ser humano, que perderam a esperança e a razão de viver. Não quero aqui mencionar nomes para não ferir a memória dessas pessoas e nem desmerecer o trabalho delas. Contudo, quando um espírita ingressa no caminho do autoconhecimento, ele o faz com um farol, que lhe permite entrar e sair, e esse farol é Jesus.

Jesus é nosso guia e modelo, Ele é a prova de que o ser humano vale a pena, pois vários que lhe seguiram os passos passaram a esboçar no seu caráter, na sua vida, nos seus atos, as marcas da moral cristalina do Cristo.

A segunda orientação – é que a Doutrina Espírita nos ensina a lei da evolução espiritual dos seres. Logo, a máxima que apregoa que "pau que nasce torto morre torto" é válida somente para quem não conhece ainda a Doutrina Espírita. Para nós que conhecemos os postulados do Espiritismo, pau que nasce torto, um dia, morre reto. A evolução aprimora os seres, aos poucos, suga as imperfeições humanas, e os seres vão se transformando, permitindo que os seus potenciais divinos desabrochem e, no decorrer do tempo, vão se iluminando, porque somos espíritos imortais.

Em O Livro dos Espíritos[27], há uma expressão pertinente à reencarnação que é *sui generis* os espíritos dizem "transmigração das almas". Para compreender essa expressão, basta olhar para os pássaros, que migram de um lugar para o outro, saem do inverno em busca do verão e depois regressam. Nós também, seres imortais em um processo evolutivo, nos deslocamos pela reencarnação, assumimos corpos diferentes, nascemos em cidades diferentes. Nós trabalhamos, para poder nos deslocar sempre para o melhor. Assim, tudo que formos dizer sobre o autoconhecimento, diremos com esse tom de esperança e certeza, e quer você queira, ou não; quer você concorde, ou não, você vai ser perfeito e puro, não importa quantos milênios serão necessários.

Perfeição das criaturas, evidentemente, não a do Criador, mas você vai ser um espírito puro, mesmo contrariado. Vai chegar à pureza espiritual e tomar posse de seu patrimônio imperecível de felicidade. Essa é uma determinação divina. Todavia, há alguns

---

27 Allan Kardec. *O Livro dos Espíritos*. FEB Editora.

que chegam a crer que certas pessoas jamais irão melhorar. A partir dessa perspectiva, nós temos condições de entender algumas pessoas que lidam com os sistemas de justiça: delegados e delegadas, promotores e promotoras, juízes e juízas, em contato diário com a questão criminal, que muitas vezes são tomados de certo pessimismo e desânimo, porque entram em contato com o que há de pior na natureza humana, sendo que muitos de nós nos assustamos.

Bastam quinze minutos assistindo a um jornal, que se você não for vigilante, perde toda sua crença no ser humano.

Mas, da questão 189 de O *Livro dos Espíritos* em diante, exatamente no item intitulado "Transmigrações Progressivas" (transmigração é o termo para encarnação progressiva) os espíritos nos ensinam que, a cada encarnação, você dá um passo. Kardec pergunta na questão 190: "Qual o estado da alma na sua primeira encarnação?" Ficando claro aqui que ele se refere à encarnação na espécie humana; por sua vez, ele está considerando que o princípio inteligente já fez todo um processo de evolução. E os espíritos respondem: "O da infância na vida corporal. A inteligência apenas desabrocha: a alma se ensaia para a vida". Isso é importante, porque nós precisamos aprender a olhar para a alma.

Nós, encarnados, temos o hábito cristalizado de avaliar os seres pelo corpo: *Oh, meu Deus, uma criança*. Criança é o corpo; o espírito que está ali iniciando o seu processo encarnatório é um espírito rico de experiências, que traz vínculos, vícios e débitos espirituais, com inclinações más, mas também virtudes, habilidades, experiências consolidadas, créditos espirituais. A alma não é mais a da infância, pois quando nós iniciamos nossas encarnações na espécie humana, há um progresso. O que isso significa? Que você vai sair pela cidade e vai ter a impressão de encontrar nas ruas seres humanos iguais, mas eles não são.

Ao caminhar pelas ruas, vai encontrar espíritos ainda bastante infantis e outros bastante amadurecidos. Há, entretanto, uma distância imensa, e o interessante é que você pode encontrar um espírito caminhando com o corpo mais envelhecido e acreditar que o espírito que habita aquele corpo tenha mais experiência. Da mesma forma, você pode se deparar com um jovem com um corpo com menos quilometragem, e considerar que ali está um espírito mais jovem. Mas pode ser o contrário, porque a maturidade do espírito não está sempre em harmonia com a idade do corpo.

Nesse momento, nós nos recordamos de um episódio ocorrido com o governador Milton Campos.

Certa vez, ele indicou um secretário da educação muito jovem. *Mas, governador, o senhor escolheu um secretário muito jovem.* E em resposta ao comentário, ele disse: *Não se preocupe, esse é um defeito que o tempo corrige.*

Realmente, o tempo se encarrega de desgastar e transformar os corpos, isso é muito importante. E por que é importante? Na questão 191, Kardec pergunta: "A alma dos nossos selvagens são almas no estado de infância?" Veja você que ele está desenvolvendo; a pergunta é quase uma decorrência da resposta da questão 190; ele está provocando os espíritos a desenvolver o raciocínio, e os espíritos respondem: "De infância relativa, pois já são almas desenvolvidas, visto que já nutrem paixões".

Os espíritos estavam falando de uma infância espiritual, e Kardec achou que infância espiritual eram os índios, os selvagens. De acordo com os espíritos, os selvagens do mundo estão mais à frente, não estão na infância. Eles já progrediram, e uma prova de que progrediram é que nutrem paixões. É estranha essa resposta; particularmente eu pensava que paixões eram defeitos. Progredir porque eles nutrem paixões? Kardec pergunta na letra A: "Então as paixões são um sinal do desenvolvimento? As paixões são um sinal de progresso?" Os espíritos respondem: "De desenvolvimento, sim. De perfeição, porém, não". Progresso é uma coisa, perfeição é outra.

A existência de paixões é um sinal de progresso espiritual, não de perfeição. Eles vão desenvolver mais isso: "(...) são um sinal de atividade e de consciência do eu". Todas as paixões decorrem do eu, do ego, desse senso que nós temos de que somos diferentes dos outros. *Eu preciso me proteger, eu preciso me conservar...* e assim começa - *eu preciso levar vantagem, eu preciso guardar só para mim*. Esse desenvolvimento da consciência do "eu" dá origem às paixões, "... porquanto na alma primitiva, a inteligência e a vida se acham no estado de gérmen". E Kardec desenvolve: "A vida do espírito, em seu conjunto, apresenta as mesmas fases que observamos na vida corporal".

Afirma, porque a lei é a mesma. Deus não é um? Ele não é o autor de todas as coisas? Se assim o é, por que Ele faria uma lei para os corpos e outra para o espírito?

A lei que rege os corpos é a mesma que rege os espíritos; os espíritos também passam pelas fases de desenvolvimento que são correspondentes ao desenvolvimento dos corpos. Logo, há espíritos recém-nascidos, bebês, crianças, adolescentes, adultos.

Você consegue identificar pela atitude do espírito, por escolhas que faz, gostos, maneira como ele se relaciona; pode-se analisar a idade que realmente tem: *Tá aí um espírito adolescente, deve ter 13 anos espirituais, não é?* Mas, com o passar do tempo, aproximadamente quatrocentos, quinhentos anos, ele começa a se tornar um espírito jovem – 16, 17 anos. Dessa maneira, passam-se mais mil anos, e o espírito alcança os 22 anos e continua a amadurecer. Você pode novamente sair pelas ruas e encontrar um espírito de 50 anos de idade espiritual e outro que está na adolescência. É óbvio que o temperamento será outro; é claro que as escolhas serão diferentes, as características também serão diferentes, porque em um deles, ainda está a imaturidade em relação às questões espirituais, ao passo que no outro, já há certo amadurecimento do senso moral. E Kardec continua: "O espírito passa gradualmente do estado de embrião ao de infância, para chegar, percorrendo sucessivos períodos, ao estado de adulto, que é o da perfeição".

Por conseguinte, você olha o espírito puro, angelical - ele é um espírito adulto. Completou o processo. E como não há envelhecimento espiritual no sentido que conhecemos em relação ao corpo físico, ele vai se tornando cada vez melhor, com a diferença de que, para o espírito, não há declínio. De acordo com Kardec, "para o espírito não há declínio, nem decrepitude; a vida do espírito que teve começo, não terá fim". Por isso André Luiz salienta na *Agenda Cristã*[28]: "Guarde a paciência, você já viveu séculos inumeráveis e viverá milênios sem fim".

É preciso colocar tudo nessa perspectiva. E prossegue Kardec: "Que imenso tempo é necessário ao es-

---
28 Francisco C. Xavier/André Luiz. *Agenda Cristã*. FEB Editora.

pírito, do nosso ponto de vista, para que ele passe da infância espírita ao completo desenvolvimento?" É o imenso tempo para nós, porque você pensa: *Mas é muito tempo, meu Deus, não é possível que vai demorar cem mil anos.*

Para um ser que é imortal, o que são cem mil anos?

Paixões

A partir da questão 907, em O Livro dos Espíritos, Kardec trata das paixões. Há em nós um conceito muito comum de que as paixões são animais peçonhentos que devem ser mortos, ou ervas daninhas que precisam ser arrancadas. Todos nós temos a falsa concepção de que o orgulho é algo que precisa ser arrancado do espírito; a ganância é uma erva daninha que tem de ser extirpada. Sendo assim, queremos ir até a raiz e arrancar tudo. O egoísmo é, igualmente, um animal peçonhento que precisa ser morto, massacrado. Essa ideia, essa visão maniqueísta - "bem e mal" - do ser humano é bastante complexa. Por essa razão, o processo de autoconhecimento se transforma em uma guerra. Mas, será que é desse modo? Será que é isso o que os espíritos superiores nos ensinam sobre a natureza das paixões?

Na introdução de *O Livro dos Espíritos*, Kardec enumera algumas paixões: ambição, orgulho, sensualidade. Esta última referindo-se ao sentido de apego aos sentidos físicos, não à sexualidade. E na questão 907, Kardec questiona: "Será substancialmente mau o princípio originário das paixões, embora esse princípio esteja na natureza?" Em outras palavras, Kardec pergunta se as paixões são essencialmente más. E se o princípio delas é mau na essência.

Os espíritos poderiam responder: A – sim, o princípio das paixões é essencialmente mau; ou B – não, o princípio das paixões não é essencialmente mau. Se a resposta fosse A, nós teríamos de arrancar de nós todas as paixões. Desse modo, o trabalho da reforma íntima seria um trabalho de guerra, de destruição. Porque, se as paixões são essencialmente más, eu preciso destruí-las; logo, o progresso moral significa um trabalho de destruição, de luta. E em destruição, nós somos especialistas.

O ser humano é perito em destruir; o que ele não sabe ainda é construir. Apenas para exemplificar: Nós tomamos um rio maravilhoso, conseguimos destruí-lo, poluir suas águas, matar todos os peixes, acabar com tudo... Todavia, não sabemos ainda tomar um rio morto e acabado e fazê-lo voltar à vida.

Será que realmente o progresso moral é uma guerra, uma obra de destruição em que você vai dentro de você e sai matando tudo, destruindo todas as paixões? Atentemos para a resposta dos espíritos, letra B: "Não, o princípio das paixões, a essência das paixões, não é mau". E, em sequência: "A paixão está no excesso de que se acresceu a vontade, visto que o princípio que lhe dá origem foi posto no homem para o bem, tanto que as paixões podem levá-lo à realização de grandes coisas. O abuso que delas se faz é que causa o mal". Isso significa que nenhuma paixão será destruída, ou seja, ela apenas se tornou má por conta de dois aspectos: a direção que foi dada à energia e a intensidade que se colocou.

Desse modo, o egoísta é uma pessoa cheia de amor, que tem tanto amor por ele que não sobra amor para mais ninguém. Por exemplo: você vê um egoísta em uma fila – qual é o comportamento dele? Ele entra na frente dos demais, pela simples razão de gostar mais de si: *Eu não posso ficar na fila, eu gosto demais de mim, deixa eu me colocar na frente.* E qual é o problema? É o excesso. Porque se você pegar essa paixão, esse excesso, que é o egoísmo, e diminuir a intensidade e direcioná-la para os outros, o que vai sobrar? O amor próprio, que é uma virtude, tanto que o mandamento "amar ao próximo como a si mesmo" é extremamente válido. Se você não é capaz de amar a si mesmo, como será capaz de amar o outro?

Se eu não respeito a minha individualidade, as minhas dificuldades, a minha liberdade, nem a minha própria integridade física, como irei respeitar as dos demais?

Ao partirmos desse ponto de vista, o ato de destruir não nos compete mais. E aquele discurso reiterado de que nós, espíritas, *precisamos destruir o egoísmo*, não se encaixa mais em nosso modo de ser. O egoísmo precisa de outra ação que não a destruição, e qual será? E na questão 908 Kardec pergunta: "Como se poderá determinar o limite onde as paixões deixam de ser boas para se tornarem más?" Qual é o critério? Como saber se passou do limite?

O processo é semelhante à autoestima, você precisa ter autoconfiança. Imagine-se em uma viagem aérea, cujo comandante apresenta-se aos passageiros totalmente despreparado para pilotar o avião. Seria um pânico total. Então, a autoconfiança, o apreço às próprias qualidades e habilidades, o respeito que angariou, isso é importante. Entretanto, quando passa do limite, vira orgulho, soberba. Diminuir o volume, portanto, torna-se imperioso.

Por esse motivo, a pergunta perspicaz de Kardec: "Qual é o limite?" E em resposta, os espíritos asseveraram: "As paixões são como um corcel (...) que só tem utilidade quando governado e que se torna perigoso desde que passe a governar". Facilitemos o entendimento. O apetite é algo muito bom. Do que adianta uma comida saborosa se você não estiver com apetite para apreciá-la? Entretanto, quando não temos controle sobre ele, vira gula. Nesse momento, de controladores, nos tornamos escravos dela, porque é ela quem governa.

Outro exemplo que podemos considerar é o medo, que até determinado limite é muito bom, pois confere prudência, traz discernimento, juízo. Em contrapartida, a pessoa afoita, que não tem noção do perigo, é um suicida em potencial. Qual é a medida? A medida é a seguinte: quem governa? Você ou a paixão?

Desse modo, o orgulhoso é alguém que perdeu o controle da autoestima, porque é compulsivo, tem necessidade de elogio e de se autoelogiar o tempo todo. Todavia, a pessoa humilde tem controle e autoestima, sabe se valorizar. Então, quem governa? "Uma paixão se torna perigosa a partir do momento em que deixais de poder governá-la e que dá em resultado, um prejuízo qualquer para vós mesmos ou para outrem".

A paixão, ao fugir do controle, vai gerar prejuízo, para nós ou para aqueles mais próximos, geralmente para os que nós mais amamos. É importante, em tais momentos, que tenhamos isso em conta. Que atitude devemos tomar? A nossa atitude nos faz lembrar o capítulo 30 do livro *Fonte Viva*[29], intitulado "Educa", em que Emmanuel escreve: "Porque também o espírito imortal traz um gene da divindade, Deus está em nós tanto quanto nós estamos em Deus."

---

29 Francisco C. Xavier/Emmanuel. *Fonte Viva*. FEB Editora.

Ao nascer, nós carregamos parte do nosso pai e da nossa mãe. É assim com nossos filhos, que conforme vão crescendo, começam a apresentar características, tanto psicológicas, quanto espirituais similares às nossas. Com Deus também é assim; à medida que crescemos, começamos a ficar parecidos com Deus, sabe por quê? Porque somos filhos, filhas de Deus; e nosso destino é ficar cada vez mais parecidos com o Pai.

Contudo, nosso destino é nos tornar divinos, porque nosso gene, nosso DNA espiritual é de Deus. O espírito imortal traz o gênio da divindade, ou seja, nós estamos em Deus tanto quanto Deus está em nós. Então, por que o homem está perdido? Por que o ser humano comete tantas atrocidades? Porque deixa que suas energias psíquicas tomem o controle. Nós precisamos assumir o comando de nossas potencialidades, que são divinas. Por isso, diz Emmanuel:

Educa e transformarás a irracionalidade em inteligência, a inteligência em humanidade e a humanidade em angelitude. Educa!

Educação x destruição

A Doutrina Espírita revive o Evangelho de Jesus em sua essência, no seu foco, uma obra educativa - ela não é uma obra de destruição. E ainda há espírita defendendo pena de morte. Mas, matar o que, se o espírito é imortal? Esse é o problema de se ter inimigos, eles não morrem! O sujeito vai continuar vivo para sempre, e uma hora precisaremos nos entender com ele. Ao contrário de matar, nós devemos educar. E não se trata de tarefa fácil. Deus nunca chegou para os seus filhos e disse *filhinhos, vai ser fácil!*

Em Belo Horizonte, nós conhecemos Leão Zállio, um espírita muito espirituoso que dizia que não havia nada difícil, mas sim trabalhoso. E é verdade. O processo de educação espiritual é, igualmente, muito trabalhoso. Vejamos um recorte da passagem de Jesus pela Terra que vem ao encontro de nossa reflexão. Estava Jesus crucificado, quase desencarnando, quando se aproximou dEle o soldado Longinus e lhe cravou a lança no peito.

E, de acordo com a história, o que Jesus fez? Ele educou Longinus. Demorou quase mil e oitocentos anos para Jesus educar totalmente esse soldado. E é na obra *Brasil, Coração do Mundo, Pátria do Evangelho*[30] que vamos conhecer a trajetória desse espíri-

---

[30] Francisco C. Xavier/Humberto de Campos. *Brasil, Coração do Mundo, Pátria do Evangelho*. FEB Editora.

to. Em determinado recorte da obra, Jesus o chama e pergunta:

– Meu filho, agora eu quero concluir a obra educativa em você. Você se lembra da lança?

– Como não, senhor? Como eu poderia esquecer?

– Pois bem, meu filho, você terá uma encarnação agora em que será meu cooperador direto. Eu vou confiar a você uma missão em que vai viver momentos profundos de incompreensão, você entendeu? Você precisa passar por esse processo educativo para entender o que eu passei na cruz quando você não me compreendeu. Contudo, vencer nessa encarnação significará a sua redenção espiritual. Vá! Na Terra, você será chamado Dom Pedro II.

E a historiografia desse imperador hoje o reconhece tal qual um dos maiores expoentes de seu tempo.

Os historiadores, as teses de doutorado, começam a encontrar documentos, as relações de Dom Pedro II, e percebem ter sido ele o maior estadista daqueles tempos, quem intermediou vários outros reis e evitou conflitos – um respeitável diplomata.

E Jesus continua a educar, transformando o instinto em inteligência, a inteligência em humanidade e a humanidade em angelitude. Educa!

O autoconhecimento é um desafio educativo.

A Doutrina Espírita não pede para você viajar para dentro de si para destruir, mas para educar! Leia o livro O *Encantador de Cavalos*; com o grande domador de cavalos, você aprende a domar as paixões, sem precisar destruir nada. É trabalhoso? Sim. É possível? Eu nem digo que é possível, mas que é inafastável! Não é opcional. Os espíritos que dirigem nossa evolução espiritual vão nos reeducar, o acordo está feito, não tem saída.

E para concluir este capítulo, eu gostaria de remeter à obra *Libertação*[31], cuja figura principal da história é o personagem Gregório, chefe de uma legião de espíritos perturbados, em certa região inferior do mundo espiritual. Contudo, quem vela por Gregório é a sua mãe, Matilde. Em certo momento, Matilde entra em contato com Clarêncio, ministro de Nosso Lar, e solicita trazer seu filho de volta.

Clarêncio identifica a situação e pede, pacificamente, autorização a Gregório para poder atuar em uma pessoa que ele obsidiava. Gregório quer saber a mando de quem Clarêncio fazia o pedido. "Estou a pedido de Matilde". Gregório, sem aparentar conhecê-la, concede o pedido.

No final, Clarêncio resolve todo o caso, o que deixa Gregório furioso ao ponto de desembainhar a

---

31 Francisco C. Xavier/André Luiz. *Libertação*. FEB Editora.

espada, querendo brigar a qualquer custo. E no momento do embate, surge sua mãe, que diz: "Gregório, chega! Agora acabou!" Matilde, entretanto, expressa tanto amor e autoridade perante o filho, que este desmaia, se rende e, em seguida, recebe o auxílio dos amigos espirituais.

Nós, igualmente, estamos sob tutela de amor e de sabedoria que nos educa o tempo todo. Trata-se de um processo lento, trabalhoso e desafiador, mas ele faz parte do determinismo divino, porque da mesma maneira que não temos controle sobre o envelhecimento, o progresso é irreversível. Uma vez atingido um patamar, agregamos recursos espirituais, não tem volta.

Portanto, autodescobrimento na Doutrina Espírita não é um campo de guerra, mas um processo educativo.

Que possamos olhar para nós mesmos com serenidade, com o espírito de transformação, com vontade de melhoria, sem pressa, como assevera Bezerra de Menezes. Com compaixão, com amor, como alguém que sabe que não precisa destruir nada. O propósito não é destruir o orgulho, não é destruir a sensualidade, a ganância, o egoísmo. A questão é educar e trazê-los para a justa medida da expressão.

Quando você assume o controle e educa esses impulsos, eles deixam de ser defeitos e se transformam em virtudes poderosas.

Você se lembra
apenas daquilo
que o emocionou
profundamente.

CAPÍTULO 7
PENSAMENTO E VIDA

Este tema é destinado a uma cultura de paz. Nos faz recordar aquela frase extraordinária do espírito Emmanuel, que está no capítulo 1, do livro *Pensamento e Vida*[32]: "Respiramos no mundo das imagens que projetamos e recebemos, por elas estacionamos sob a fascinação dos elementos que provisoriamente nos escravizam e através delas, incorporamos o influxo renovador nos poderes que nos induzem à purificação e ao progresso. O reflexo mental mora no ali-

---

32 Francisco C. Xavier/Emmanuel. *Pensamento e Vida*. FEB Editora.

cerce da vida, refletem-se as criaturas reciprocamente na criação que reflete os objetivos do Criador".

Essa grande revolução do pensamento religioso humano, inaugurada pela terceira revelação, pelo Consolador prometido, nos convida a abrir mão daquela imagem de um Deus antropomórfico sentado em um trono, a imagem de um rei medieval, e nos convida a ver o Criador como a mente suprema, que governa, que plasma e sustenta a criação infinita.

De acordo com a terminologia empregada pelo benfeitor Emmanuel, pensamento não significa apenas cognição-intelecto; pensamento é um amálgama, pois reúne todas as potências do sentimento, com todas as suas características e as potências do intelecto.

Pensamento divino é a inteligência suprema no amor infinito que sustenta a criação. É através do pensamento que nos relacionamos com Deus; é por meio dos pensamentos que as criaturas se refletem, se relacionam, recebem esses influxos dos poderes superiores, conclamando a evolução espiritual. Todavia, é também pelo pensamento que nós estacionamos naquelas experiências reencarnatórias, que fixaram em nós alguns elementos do intelecto e da emoção.

Certa ocasião, em conversa com meu filho a respeito de determinada situação, eu explicava que a imagem que nós projetamos, a disposição que temos para a vida, a maneira como interpretamos pessoas e acontecimentos têm profundo impacto em nosso destino. Após concluir, ele me disse: *Pai, então é muito simples, basta a gente mudar o pensamento.*

Sendo assim, basta mudar o pensamento e a vida será renovada? Segundo Leonardo da Vinci: "A simplicidade é o mais alto grau da sofisticação", pois consegue ser simples apenas quem já equilibrou todos os elementos, já conseguiu aquela síntese preciosa, fruto da experiência, do trabalho árduo, das lágrimas, das alegrias, da dedicação, da entrega. A simplicidade é o coroamento de tudo – de uma carreira profissional, de um relacionamento, de uma palestra.

Recentemente, eu assisti a uma entrevista com um grande artista – um músico antigo que tocava em um bar, enquanto a cantora entoava aquelas notas lindas. Ele, em sua guitarra, dava uma, duas, três notas, colocava um acorde, no ponto. Mas, certo dia, ele adoeceu, não podia tocar, mas levou um jovem para tocar em seu lugar. O jovem chegou entusiasmado, e a cada segundo tirava dez notas na guitarra. Com aqueles acordes e notas, o público foi se animando com a empolgação do jovem. Após o encerramento do show, o dono do bar dirigiu-se ao músico mais velho e falou: *Olha, você está me enganando. Há muitos anos eu te pago aqui e você vem, dá uma notinha, coloca um acorde. E chega o jovem e dá esse tanto de acorde, esse tanto de nota. Você está me enganando.* E o músico calmamente respondeu: *Não, não estou te enganando. É que as notas que ele está procurando, eu já encontrei.*

Consciente e o inconsciente

Por que é tão difícil mudar o pensamento? Porque existe em nós uma parte que é consciente e outra que é inconsciente. Há um texto enigmático, como todos os textos do Evangelho de João, mas especialmente o capítulo 8. Jesus tem uma conversa franca, mas quando quer ser enérgico, ele sabe ser enérgico. Os fariseus o acusavam de heresia, de ser um revolucionário, que vinha mudar os costumes, desrespeitar a revelação; e diziam isso na linguagem da época, ou seja, diziam que Ele não era filho de Abraão. O que significa não ser filho de Abraão? Não seguir as tradições do judaísmo, não se basear nos princípios da primeira revelação, não ler os livros de Moisés etc.

E eles diziam para Jesus que, por Ele não ser filho de Abraão, eles não o escutariam. Mas, Jesus, em certo momento, disse uma frase que eles certamente não devem ter entendido: "Antes que Abraão fosse, Eu já era". Ele levou a conversa para o nível do fundamento espiritual, mas não se trata apenas de dizer - *eu sou um espírito mais evoluído que Abraão* - não é apenas dizer que antes de Abraão se tornar o primeiro espírito a encarnar e trazer uma ideia de monoteísmo, Ele já era o governador espiritual do homem; a ideia é muito mais profunda.

O certo é que os fariseus não entenderam a mensagem de Jesus (como poderia ser Jesus antes de Abraão, se Ele era mais novo?), porque fizeram uma interpretação literal, como a maioria de nós ao interpretarmos os textos simbólicos. E, em resposta a Jesus, os fariseus disseram: "Nós temos por pai a Abraão". E Jesus inteligentemente contestou, deixando-os impactados: "Não, vós tendes por pai ao diabo e vos esforçais por fazer a vontade dele. Ele foi homicida desde o princípio".

Nessa passagem, Jesus abordou um tema que nós consideramos extremamente relevante. Hoje, nós conseguimos entender esse símbolo do diabo. Mas, afinal, o que de relevante tem isso? A fala de Jesus se refere a uma figura da literatura bíblica chamada Caim, o primeiro homicida na história da literatura bíblica, não da história humana; o primeiro personagem que se entrega ao homicídio do próprio irmão Abel.

Essa história começa com uma serpente chamada diabo, *diabolus*, que em grego significa adversário. Em hebraico, a palavra grega *diabolus*, "*báll*" vem do verbo lançar – você lança para um lado, ele lança para o outro. De acordo com a etimologia, é o que lança ao contrário; você vai em certa direção, mas ele fala para seguir o caminho inverso.

Em hebraico, satanás é também o adversário, mas em hebraico, tem uma característica mais interessante: satanás também é o acusador, o promotor de justiça, aquele que aponta todas as nossas ilicitudes.

Mas, retomando o ensinamento de Jesus. O que Ele queria dizer com a afirmação: "Vós tendes por pai ao diabo e vos esforçais para fazer a vontade dele?" E o que essa afirmação tem a ver com a fala de meu filho - *mude seu pensamento, mude sua vida?* Por que não conseguimos mudar o pensamento? Eu me refiro ao pensamento, no sentido expresso por Emmanuel, aquele que inclui sentimento e intelecto, o conjunto.

Por que você não consegue mudar agora? Porque há uma etiologia, uma filogenia psíquica, um tema que tem tomado até os ambientes judiciais. Hoje, na conciliação das varas de família, nós já temos constelação familiar, pois as terapias sistêmicas, principalmente a constelação familiar, têm nos despertado atenção para o seguinte aspecto: você comete profundos erros, repetindo a história de sua família. Por que repete tais erros?

Segundo o psicoterapeuta alemão Bert Hellinger, criador da constelação familiar, você repete por um dever de fidelidade amorosa, por amor - óbvio que por um amor adoecido. Se você fizer um inventário acerca da história de sua mãe, de seu pai, da história de seus avós paternos, seus avós maternos, seus bisavós paternos, seus bisavós maternos, da história de seus tios, tias; desse conjunto dá para extrair a sua história, e não raro, você está fazendo a mesma coisa - principalmente, repetindo a história daqueles que você menos quer repetir.

Esse é um aspecto muito importante, e, acrescido a ele estão as nossas reencarnações com suas memórias que estão vivas em nós. E a memória tem uma característica fantástica, pois você se lembra apenas daquilo que o emocionou profundamente. Você seria incapaz de dizer o que tomou de café da manhã no dia 4 de abril de 2000, porém se lembra de detalhes do dia em que desencarnou aquele seu parente, que você adorava, que era uma referência para você.

Significa que a nossa memória reencarnatória é seletiva.

Mudar o pensamento

Kardec elucida que se reconhece o nível do espírito pela linguagem que emprega, e Emmanuel assevera que "estacionamos em algumas imagens". No mundo espiritual, os benfeitores, a fim de avaliar como têm sido os relacionamentos afetivos do espírito, tomam por base as últimas cinco encarnações, e têm chegado à mesma conclusão: a repetição dos mesmos padrões e erros nas cinco experiências reencarnatórias.

É isso que Jesus quis dizer ao pronunciar: "Vós tendes por pai ao diabo". O que está inspirando o seu psiquismo? É seu passado? Ou é a proposta futura?

Trata-se de duas forças: uma que puxa você para trás, para repetir padrões, e outra que alavanca seu psiquismo para frente. Qual delas você segue? Este é o ponto vital de nossa reflexão. A que tipo de influência você está cedendo? Eu não me refiro à influência da mídia, ou a do obsessor, mas à influência de dentro de você. Por quê? Porque existe uma multidão dentro de você, reivindicando comportamentos e fidelidades.

Por fidelidade psíquica, você não quer fazer diferente, embora saiba que isso seria o correto. Neste momento, então, chegamos à reflexão de meu filho: *Muda. Mas, muda como?* Para mais elucidação, vamos fazer uma analogia com o universo da informática. Quando dizemos que o computador está com vírus, nada mais é do que a presença de um programa que roda na tela. Você abre o seu editor de texto, começa a escrever, mas existe um programa ali presente, interagindo. Esse programa, na linguagem de Emmanuel, representa: "Aquelas imagens em que estacionamos sob a fascinação dos elementos provisórios, que nos escravizam, ou que nos escravizam provisoriamente".

O que a constelação familiar, por sua vez, consegue captar? Em uma família, o avô era violento, o pai é violento, o filho é violento. É um padrão, embora não se saiba quem ensinou quem a ser violento. Acontece que, por não terem os conhecimentos da imortalidade da alma, da reencarnação e da evolução espiritual, essas terapias ou esses sistemas não conseguem aprofundar mais. Mas, ao buscarmos o auxílio de tais terapias, se trouxermos o aporte do Consolador prometido, nós conseguimos enxergar um pouco além.

Portanto, existe um programa dentro de nós rodando por trás. A esse programa podemos dar o nome de diabo, satanás, capeta. Nesses momentos, dá saudade do satanás com chifre, com pata de bode, porque esse satanás é muito simples, não dá medo nem em criança mais.

O diabo difícil são esses programas que estão dentro de nós, mas não percebemos. Vamos tomar, por exemplo, o programa da vítima. Sem que você perceba, adota comportamentos em que sempre se faz de vítima. E o que acontece? A sua vibração espiritual é assim: *Ei, por favor, me agrida que eu preciso ser vítima; feche a cara para mim, me cumprimente mal, faça alguma coisa para eu me sentir vítima, porque senão o meu dia vai ficar incompleto; tem que ter algum toque de vítima, eu preciso disso para viver.*

Em seguida, você passa a adotar comportamentos que justifiquem a atração de circunstâncias e pessoas para confirmar o programa que está rodando por trás. Assevera Emmanuel com propriedade: "Em todos os domínios do universo, vibra, pois, a influência recíproca. Tudo se desloca e se renova sobre os princípios de interdependência e repercussão".

Desse modo, o que você faz repercute; o reflexo esboça a emotividade, a emotividade plasma a ideia, a ideia determina a atitude e a palavra que comandam as ações. Desse modo, na base está sempre um aspecto emotivo, que é no que nós fixamos, onde nós estacionamos. É aquela couraça que criamos, difícil de ser mexida, porque mudar a concepção, a ideia, não é tão difícil; a questão é que toda ideia tem um conteúdo emotivo e um compromisso por trás dela - por isso que é difícil mudar um pensamento.

O mesmo ocorre em relação à cultura de violência. Por que é difícil mudarmos a cultura de violência? Porque está entranhada em nosso psiquismo. De acordo com a simbologia bíblica, Caim foi homicida desde o princípio. E o que está entranhado no meu, no seu, no nosso psiquismo? Que violência é poder. O que não se consegue com a educação, consegue-se na força. Não tem sido desse modo?

> *Existe um compromisso psíquico, de todos nós, com a violência, porque são milênios usando a violência para resolver as coisas, para desatar os nós.*

E como é que faz? Nós frequentemente falamos sobre cultura de paz, mas quando chegamos à rua, o programa que está rodando há cinco mil anos dentro de nós funciona da seguinte maneira: se a pessoa não ouvir com educação, grite; se não o ouvir com grito, agrida; se não der atenção, faça um escândalo, porque a violência resolve todos os problemas.

Fazer esse mergulho e descobrir quais os programas que rodam por baixo é muito difícil. Nós tivemos contato com uma dinâmica familiar que se apresentava assim: a filha teve duas crianças, saía quase todo dia e deixava as crianças para a mãe cuidar; a mãe cuidava, mas reclamava, e por isso mãe e filha estavam em constantes brigas. Ao se examinar a problemática, percebe-se que elas se uniam por esse vínculo – a mãe conseguia se sentir importante somente se exercesse esse dever que era da filha, não dela. E como identificar as questões de culpa existentes nesse psiquismo, que as faziam se comportar dessa maneira?

Essa filha conhecia apenas um tipo de amor de mãe - aquele que a isentava do cumprimento do próprio dever. Por conseguinte, trata-se de um amor adoecido. Poderíamos falar para elas de Espiritismo, ler as 1019 questões de O *Livro dos Espíritos*[33], e elas ouviriam e diriam: *Que coisa linda essas questões, é muito bonito Deus, a inteligência suprema, causa primária de todas as coisas*. Mas, essa mãe, ao retornar para casa, qual é o amor de mãe que ela saberia dar? O amor de mãe que tira o dever da filha e assume um dever que não é dela. Em contrapartida, a filha sabia ser amada apenas de um jeito, da mãe que não lhe dava

---

33 Allan Kardec. O *Livro dos Espíritos*. FEB Editora.

autonomia, que não incutia responsabilidade, que assumia suas responsabilidades - esse era amor que vinculava as duas. E acaso você as chamasse para fazer uma palestra elas falariam: *Mãe não deve assumir os deveres da filha!* Porque é assim mesmo; por trás está rodando o programa, por isso, o aspecto difícil. Emmanuel diz que: "A mente é o espelho da vida em toda a parte. (...) nos seres primitivos, aparece sobre a ganga do instinto, nas almas humanas surge entre as ilusões que salteiam a inteligência..."

É como se fosse aquele diamante em toneladas de cascalho. Nas almas humanas, a mente surge no sentido de despertar, de se desenvolver. Mas, as ilusões salteiam a inteligência. Saltear, de assaltar. Sequestrar nosso processo de aprendizado evolutivo tem sido o processo do assalto. As ilusões assaltam a nossa inteligência, amordaçam-na.

Em seguida, vem a ilusão e tapa sua boca, amarra suas mãos e seus pés, e a sua inteligência não pode funcionar. Por que não pode funcionar? Porque a ilusão sabe que Deus se manifesta pela luz da razão, da consciência e da inteligência. Deus, que é o pensamento divino, nos deu a inteligência para aprendermos a discernir, a escolher, a administrar, a gerir nosso patrimônio evolutivo.

E você sabe que, quando erra, é porque a ilusão assaltou, amordaçou a inteligência. E o que acontece? Acontece a desilusão. E o difícil da desilusão é que você sabia. E quando ela vem, você olha e diz: *Alguém pode entrar lá no quarto e desamarrar a minha inteligência?* Por sua vez, vem sua inteligência toda fragilizada, porque você não a alimentou, e fala: *Eu te disse, eu te falei!* Muito pertinente nesta reflexão, é citar a metodologia de Santo Agostinho em O Livro dos Espíritos. Ele assevera que o segredo está no autoconhecimento. Às vezes, é preciso uma prática para entender a teoria. Antes de dormir, fazer um exame do seu dia para detectar os programas que rodaram por baixo.

A dificuldade de mudança do pensamento e a falta de estudo dos problemas do espírito têm levado ao crescimento exponencial do número de casos de suicídios. O índice de suicídios de acadêmicos de medicina está assustador. Outro índice preocupante são os processos de tristeza mórbida. Argumentam certas pessoas que ficar triste é natural; você tem de ter um momento de ficar triste, senão você não tem saúde. Todavia, a tristeza mórbida não é natural.

Por estarmos na mais profunda transição planetária, o que a transição planetária significa ao nosso ver? Esgotamento de paradigma, e não se esgota um paradigma se não descer até o fundo do poço. Nós estamos vendo isso na política brasileira; um paradigma que não acaba facilmente, porque o mal não cede com facilidade. Consequentemente, o mundo vai precisar viver muito sofrimento ainda para se desapegar de certos valores, e um deles é o valor da violência. Vemos isso na política internacional, cujos líderes ainda acreditam que vão resolver as questões na violência, não mais no soco, mas na bomba atômica.

Nesse processo de transição planetária, não há nada pior do que ser infectado por algo extremamente perigoso, que não se trata de bactéria, mas de algo que destrói os nossos recursos psíquicos – o desânimo. Vemos a humanidade desesperada em razão da fragilidade diante de novo vírus e não damos atenção aos problemas psíquicos que há anos estão matando cada vez mais pessoas.

A Terra chegará à regeneração. A questão é se você voltará para a Terra, porque o progresso dos mundos é uma lei universal, e a lei do progresso não faz concessões a indivíduos. A lei de progresso não negocia com você; o progresso é uma lei cósmica universal, e o universo tem o ritmo dele. Logo, o maior cuidado que podemos ter com o pensamento e com a nossa vida está em *Fonte Viva*[34], em que Emmanuel comenta o versículo 1, do Capítulo 18, do *Evangelho de Lucas*, em que Jesus diz: "Orar, orar sempre e nunca desfalecer, nunca desanimar!" E Emmanuel inicia a mensagem dizendo: "Não permitas que os problemas externos, inclusive os problemas do seu próprio corpo, te inabilitem para o serviço da tua iluminação".

---

34 Francisco C. Xavier/Emmanuel. *Fonte Viva*. FEB Editora.

É notório que todos nós vamos conviver com os problemas externos (da política brasileira, da corrupção, do urbanismo, da violência, da doença), do mesmo modo que com os problemas internos (da família, da saúde, do casamento, problemas financeiros, profissionais). Mas, o mais importante é não permitir que interfiram em seu processo de iluminação espiritual, tornando você inábil para a iluminação individual. Pode acontecer? Sim, pode.

Você pode simplesmente perder a sua atual encarnação ao se tornar inabilitado para teu processo de iluminação.

Vamos exemplificar fazendo uma analogia com o Exame Nacional do Ensino Médio – o Enem. Encarnar é vir para o Enem, representa um plano de exercício. Você já assistiu ao curso regulamentar, foi antes de encarnar. Ao se corporificar na Terra, você veio para o plano do exercício, da demonstração. Ao abrir a prova do Enem, o que você encontra, respostas ou perguntas? E quando está encarnado na Terra, você encontra o quê? Dificuldade e dor. Porque a lição dada é caminho para novas direções. Atrás do enigma resolvido, surgem outros enigmas, e outra não pode ser a função da escola senão ensinar, exercitar e aperfeiçoar.

Se você já sabe exercer, faça melhor. Se você não sabe, aprenda. "Replete-se de calma e de bom ânimo" – essa é a advertência de Emmanuel. Em seguida, ele complementa: "Enche-te depois de calma e bom ânimo, em todas as situações".

E a beleza do Espiritismo vem nos ensinar que os problemas não serão todos resolvidos nesta vida, porque tudo demanda tempo e bom ânimo. Do contrário, desfalecemos, paramos. E é bem difícil não permitir que os obstáculos sejam maiores do que nós. No entanto, adverte Emmanuel: "Foste colocado entre obstáculos mil de natureza estranha para que, vencendo inibições fora de ti aprendas a superar as suas limitações", o que significa que fomos colocados em meio a mil obstáculos inusitados, obstáculos de nossa vida que não entendemos, mas para quê? E na fala de Emmanuel, a mensagem subliminar:

Tem problemas que você não vai compreender, você vai superar. Compreender é mais tarde.

Porque, para compreender, você precisará assistir a aproximadamente três semanas de vídeos de encarnações passadas, dezesseis horas por dia. Imagine-se sentado em uma sala bonita, com um *psicoscópio**

---

* Psicoscópio é um aparelho que existe somente no mundo espiritual e que destina-se à auscultação da alma, com o poder de definir-lhe as vibrações e com capacidade para efetuar diversas observações em torno da matéria.

a projetar em uma tela as suas vidas. *Isso aqui é lá em Roma, a primeira vez que você encontrou com essa criatura, olha como é que vocês se encontraram. Igualzinho como eu encontrei agora, é igualzinho. Agora vamos acompanhar, que vocês vão se encontrar mais 30 vezes. Não dá para tomar um café antes, não? Não tem uma água?* Você foi colocado entre obstáculos mil de natureza estranha. Toda inibição fora, que reflete uma limitação interior.

As inibições exteriores têm um propósito, o de auxiliar a vencer as limitações interiores. Tomemos por exemplo um espírito puro, que é alguém que venceu profundas e gigantescas limitações interiores, alargou os seus horizontes cognitivos e emocionais. E vamos considerar que, para um anjo deprimir, o mundo tem de acabar umas três vezes, porque ele tem a força emocional de um diamante. Não precisa ir nem muito longe não; eu me lembro do fundador da primeira casa espírita que eu frequentei, Loreto Flores, um grande espírita, amigo de Chico, em Belo Horizonte. Ele fazia a Campanha do Quilo. Certo dia, com um saco nas costas, bateu em uma casa, uma senhora abriu a porta, olhou que era espírita e cuspiu no rosto dele. Ele tirou o lencinho, tirou os óculos, enxugou, colocou os óculos e, lembrando do exemplo de Francisco de Assis, disse para a senhora: *Isso é para mim, e para os pobrezinhos, a senhora tem alguma coisa?*

"Enquanto a comunidade terrestre não se adaptar à nova luz, respirará cercado de lágrimas inquietantes, de gestos impensados e de sentimentos escuros. Dispõe-te a desculpar e auxiliar sempre, a fim de que não percas a gloriosa oportunidade de crescimento espiritual. Lembra-te de todas as aflições que rodearam o espírito cristão no mundo desde a vinda do Senhor e aí começa a listar. Onde está o Sinédrio que condenou o amigo celeste à morte, onde os romanos vaidosos e dominadores, onde os verdugos da boa-nova nascente, onde os guerreiros que fizeram escorrer por causa do Evangelho, rios escuros de sangue e suor, onde? Cadê esses guerreiros? Onde os príncipes astutos que combateram e negociaram em nome do renovador crucificado? Onde as trevas da idade média, onde os políticos e inquisidores de todos os matizes que feriram em nome do excelso benfeitor? Arrojados pelo tempo aos despenhadores de cinza, fortaleceram e consolidaram o pedestal de luz em que a figura do Cristo resplandece cada vez mais gloriosa no governo dos séculos. Centraliza-te no esforço de ajudar no bem comum, seguindo com a tua cruz ao encontro da ressurreição divina nas surpresas constrangedoras..."[35].

---

35 Francisco C. Xavier/Emmanuel. Fonte Viva. FEB Editora.

Vejamos que frase linda de Emmanuel; "nas surpresas constrangedoras", porque algumas vão te constranger: "(...)Nas surpresas constrangedoras da marcha, recorda antes de tudo, que importa orar sempre". Porque a oração é a conexão mental com as esferas superiores do progresso, do amor e da inteligência. Orar sempre, trabalhando, servindo, aprendendo e amando, e nunca, nunca, desfalecendo. Não vamos cair não, gente. Vamos embora.

Um lado do nosso
psiquismo deseja
ardentemente repetir,
viver novamente,
experimentar, extrair
prazer daquela experiência.
E o outro lado, mais
consciente e mais
fortalecido, sabe que
é preciso avançar.

CAPÍTULO 8
FRAQUEZAS DA ALMA

Ao abordarmos o tema "tentação", frequentemente imaginamos aquelas ideias atávicas de um pequeno demoniozinho do lado esquerdo e um anjinho do lado direito, cada qual fazendo sugestões. E essa imagem, essa pintura, não sai da mente das pessoas, de modo que a palavra tentação é sempre associada a um ambiente religioso e a ideias religiosas que ficaram no passado. Quem dera se a tentação fosse algo tão simples; se ela se resumisse a duas personalidades uma totalmente voltada para o bem e a outra totalmente voltada para o mal, que estivessem sempre a nos influenciar, como se fosse uma campanha política tentando obter o nosso voto, a nossa adesão. Não é tão simples assim. Eu gosto da maneira muito carinhosa e divertida com que Chico Xavier se refere à tentação: ele diz que "a tentação é você estar correndo de um cachorro muito grande, com uma vontade imensa de ser alcançado".

A tentação tem um componente forte do desejo. Há uma divisão: um lado do nosso psiquismo deseja ardentemente repetir, viver novamente, experimentar, extrair prazer daquela experiência. E o outro lado, mais consciente e mais fortalecido, sabe que é preciso avançar.

Queremos conduzir essa reflexão de maneira mais leve, sem qualquer sentimento de culpa e sem partir para um discurso moralista de estabelecer regras, ou de julgar o passado, lembrando Paulo de Tarso quando diz: "Graças a Deus já somos o que somos". E nós somos o que somos, somente porque trilhamos os caminhos e vivemos vastas experiências ao longo da evolução; algumas que trouxeram muitas alegrias para o nosso coração, outras que trouxeram imensas tristezas. Mas o certo é que nos tornamos experientes.

A angelitude, a pureza da alma, não é conquistada por espíritos cristal; o anjo é feito de adamantium[36]. Ele é forjado na luta, na renúncia, no sacrifício, no trabalho, na disciplina. Conhece a desilusão e a amargura de perto.

As entidades angélicas têm profunda compaixão pelo nosso piso de experiência evolutiva, porque sabem exatamente o que é estar na posição em que estamos. Sabem exatamente o que é a condição e a vulnerabilidade de um encarnado. Há uma passagem de O Evangelho em que Jesus se refere: "Na verdade o espírito está pronto, mas a carne é fraca"[37].

E Emmanuel, em sua lucidez, define: "O espírito como representando a nossa fonte, o nosso núcleo divino". Uma planta, uma semente que vai desabrochando, porque nós temos o DNA de Deus em nós.

---

36 Adamantium é uma liga metálica fictícia. É um metal raro, quase indestrutível, com o qual o esqueleto do personagem Wolverine, de X-Men, é revestido.

37 Mateus, 26:41.

Nós somos imagem e semelhança do Criador. Fomos destinados à pureza e à perfeição relativa da criatura, preparados para a felicidade sem mescla. Evidentemente, que será alcançada em um processo árduo e longo de construção de si mesmo, porque a evolução respeita um princípio da lei divina, que é o espírito de sequência da natureza.

A natureza tem o espírito de sequência. Toda realidade começa na semente, que desabrocha, torna-se uma grande árvore, até que ofereça frutos; e a espiritualidade superior não é diferente. Mas, se essa é a característica do espírito, nós temos também a da carne, e não nos enganemos, pois assevera Emmanuel em uma de suas mensagens: "Quem dera se a carne fosse apenas o corpo físico". Não é sobre isso que nós estamos falando. O corpo físico é apenas uma condensação fluídica, uma condensação de energias que nos permite operar no mundo material. O corpo é uma veste, uma emanação, uma consequência do nosso corpo espiritual. Mas, ele é um instrumento que não é nem culpado, nem tem o mérito de nossas escolhas. O corpo é uma tela que reflete com fidelidade a nossa consciência espiritual.

Vulnerabilidade de estar encarnado

Quando o Evangelho se refere à carne, está dizendo a um conjunto de características do ser encarnado. A carne representando vulnerabilidade. E o que significa isso? Estar encarnado é, por exemplo, independentemente de ter algum débito, poder tropeçar e quebrar uma perna. Estar encarnado pode representar viver de uma maneira mais drástica o processo de envelhecimento. Saber que, do berço ao túmulo, nós somos peregrinos e experimentamos esse estado de impermanência.

> *Ao estarmos encarnados, não estamos de posse de toda a nossa memória, e isso faz muita diferença, no sentido positivo e no sentido negativo.*

No sentido positivo, porque se pudéssemos nos lembrar de todos os nossos vínculos e sofrimentos e de todas as nossas ações inconsequentes, talvez nós não tivéssemos um sorriso tão espontâneo. E como o Criador preza a espontaneidade e vela pelo nosso sorriso, pela nossa alegria, Ele nos permite a bênção do esquecimento; poder olhar para alguém sem recordar dos equívocos cometidos na relação. Poder recomeçar, reconstruir, refazer, recompor o destino, sem julgamentos ou condenações, sob as bênçãos do esquecimento. Mas, há outro lado também; não nos lembramos com nitidez de nossas potencialidades, elas fluem para o nosso consciente como intuições, aptidões. O que a mentalidade vulgar chama de talentos, mas que na verdade são aquisições.

Se nós pudéssemos nos lembrar com nitidez de todos os idiomas que já falamos, por exemplo, o que seria das escolas de idiomas? Imagine. Estamos, temporariamente, em um processo de memória reduzida, apagados.

Outra questão muito importante a considerar: ao encarnarmos, não temos sustentação magnética mais direta daqueles espíritos do nosso círculo familiar que estão em estágios mais avançados. Isso nos conduz a duas situações: primeiramente, a uma situação de saudade, de vontade de ser nutrido novamente, de poder estar ao lado desses corações que nos amam profundamente, mas que avançaram, ao passo que nós preferimos estacionar. Eles nos nutrem, nos amparam, mas por estarmos na carne, a nossa percepção e capacidade de usufruir, em toda a sua pujança, dessa nutrição magnética, é menor.

E é por isso que a entidade angélica responsável pela encarnação de Alcíone, na obra *Renúncia*[38], quando ela se propôs a encarnar para resgatar uma alma muito querida de seu círculo de relações, diz para ela: "Partes em uma missão arriscada. Você tem

---

38 Francisco C. Xavier/Emmanuel. *Renúncia*. FEB Editora.

consciência de que na carne, embora a sua condição espiritual, vai experimentar carência, solidão, necessidade de aprovação, necessidade de acolhimento, necessidade de envolvimento? Você partilhará de todas as necessidades da condição humana e não se engane, entre elas deixa subentendido, nas entrelinhas, o próprio desejo de ser mãe. Cruzará com seres com os quais possui vínculos afetivos muito fortes, e não se esqueça, vários partem dessa esfera em missões arriscadas como as suas e não conseguem regressar de pronto".

É a esse conjunto de vulnerabilidade (a necessidade de conservação, o instinto de reprodução, o instinto de destruição), que Paulo de Tarso, aproveitando a fala de Jesus, dá o nome de carne. Não diz respeito somente ao corpo físico. Tudo isso, somado ao apagamento que a encarnação propicia, nos coloca em vulnerabilidade que, no mínimo, nos exige um estado de vigilância permanente. E nesse momento que entram os processos e mecanismos de tentação.

É bom lembrar que, se você não sofre mais tentação, talvez isso seja um indício perigoso de que você já tombou sobre ela e se entregou tanto, que não há mais nada a ser tentado. Ou, ainda, e é sempre bom fazer essa exceção que você já atingiu a região das consciências angélicas. Então, se há algum anjo lendo este livro, por favor, me perdoe. Se ainda não é um ser angélico, viver o processo da tentação é natural na evolução. É lei física. Nós aprendemos isso nas aulas básicas de física: lei de ação e reação. Mas, aprendemos na Doutrina Espírita algo profundo, a lei natural é a mesma lei moral, e a lei moral é a mesma lei natural. Não existe uma lei natural e uma lei moral; portanto, Newton é um sacerdote.

Quando Newton estabeleceu as suas equações e as suas três leis, ele estava falando de Evangelho e de física também, porque não tem diferença. A lei divina ou lei natural é a mesma, porque há um só Deus, uma só lei. Há um plano de unidade na infinita diversidade da criação.

Isso significa que, toda vez que eu instauro movimento novo, eu preciso dar conta da inércia. Claro, se você está dirigindo um carro a 100 km por hora e precisa reduzir para 40 km por hora, o que acontece? Você vai reduzir, mas sofrerá simultaneamente a inércia do movimento anterior. Da mesma maneira, se você conduz um carro a 20 km por hora e acelera a 100, mudou o movimento, sofrerá a inércia do movimento anterior.

Como que nós sentimos isso? Como que alguém sente isso? Não importa se ele conhece física, ou a Doutrina. Ele sente um solavanco para frente, ou um solavanco para trás, e isso significa experiência da lei de Deus.

> *Portanto, toda vez que eu saio de um processo psíquico que pode ter durado cinco existências, e ingresso em novo movimento psíquico, há inércia do movimento anterior. Essa inércia do movimento anterior é vivida como um processo de tentação dá vontade de voltar. É natural e, às vezes, a gente volta. Volta várias vezes até ter força moral suficiente para sustentar o movimento novo.*

É assim que, por exemplo, a criatura que teve cinco, dez existências, envolvidas em situações de poder, ao voltar nesta existência e se propor nova experiência não mais centrada no desejo de poder, mas em outra proposta acolhida por ela vai experimentar a inércia; e quando se percebe, enxerga-se repetindo velhos padrões de conduta e crença, comportamentos inconscientes. Essa é a tentação.

É natural. Não imaginemos que há um Criador julgando e recriminando, porque nós somos integralmente amados e respeitados por Deus. Quer você avance, regresse ou estacione, o amor de Deus permanece inalterável, porque isso integra a nossa experiência individual, e a experiência evolutiva é pessoal, individual e intransferível. Não há empréstimo de aquisições espirituais, há intercessões. Contudo, as intercessões integram o regime do amor de Deus, que sempre nos socorre, sempre nos reergue.

Quem se propõe a uma evolução consciente está sempre em tentação, sempre lidando com comportamentos, com hábitos, cujas raízes se estendem ao profundo do nosso psiquismo e têm origem em experiências remotas do nosso espírito. É a nossa história, é a nossa genealogia.

Desse modo, quando o Evangelho fala das multidões que seguiam Jesus, nós podemos imaginar, em um plano social, várias criaturas seguindo Jesus. Todavia, ao transferirmos essa observação para o plano interno, veremos em nós uma multidão, porque o Haroldo de hoje é filho de alguém na encarnação passada, mas esse alguém é filho de alguém anterior, e assim eu vou em uma cadeia regressiva; e desse modo, nós podemos voltar 20, 30, 40 encarnações para trás. A verdade é que há uma multidão dentro de mim. E não é apenas uma multidão de personalidades.

O que você pensa? O que você sente? Como se comporta? Quais são seus hábitos? Se você dá conta de observar, é porque não é aquilo que está observando. Você não é os seus sentimentos e pensamentos; há algo profundo e anterior. Há um ser divino, que é a sua essência, ou um núcleo divino, desabrochando, acordando e, quando esse núcleo olha para a personalidade Haroldo, o que ele vê? Ele vê alguém de 1 metro e tanto, de cor tal, de cabelo tal, brasileiro, que nasceu em Minas Gerais e exerce a profissão de juiz. Mas, se esse eu profundo olha para a encarnação anterior, o que ele vai ver? Outra pessoa.

Caso coloquemos em fileira 20 encarnações suas, você ficará surpreso em saber quantas coisas você já foi, quantas posições já ocupou. E nós vamos tornar isso ainda mais complexo – em cada personalidade que animou, você tinha um círculo de relações, estava em um contexto social. Você enxerga um contexto cultural, você agia segundo padrões do grupo em que estava e principalmente atuava segundo horizonte de evolução da humanidade naquele período. Porque não imagine que em uma encarnação sua na Idade Média você tivesse a percepção e a compreensão que tem hoje.

No livro *Caminho Verdade e Vida*[39], capítulo 129, Emmanuel encerra uma mensagem, "Origem das tentações", dizendo: "Recorda-te que cada dia tem situa-

---
[39] Francisco C. Xavier/Emmanuel. *Caminho, Verdade e Vida*. FEB Editora.

ções magnéticas específicas". Como assim? Considere a essência de tudo o que atraiu no curso das horas e eliminará os males próprios, atendendo ao bem que Jesus deseja a você. Todo dia vivemos circunstâncias que funcionam feito ímãs, possuem força atrativa. Mas adivinhe; coloque uma cesta de diamante na frente de um cavalo e experimente tentar o cavalo com isso. Não vai dar certo, porque uma cesta de diamante não é uma situação magnética que atrai o cavalo. Em seguida, encha essa cesta de milho e coloque na frente do cavalo.

Isso significa que há um processo que é vibratório. Emmanuel traz a carta de Tiago, capítulo 1, versículo 14: "Antes cada qual é provado ou tentado pela própria concupiscência que o arrasta e o seduz".

Tentação e concupiscência

Tentação exterioriza a concupiscência, algo aconteceu dentro de mim, é a concupiscência, e depois aconteceu fora, porque nós ocidentais vivemos a ilusão de que o mundo exterior determina o mundo íntimo, mas não é assim.

É o mundo íntimo que determina o mundo exterior, não é vida e pensamento, é pensamento e vida, tal qual sentimos, tal qual pensamos, essa será nossa vida.

A tentação é a exteriorização da concupiscência.

Afinal, o que é concupiscência? Emmanuel responde: "O fundo viciado e perverso da natureza humana primitivista". Aqui nós temos dois componentes, vício e perversidade. Vício é algo que passou da medida. Nós dificilmente encontramos animais viciados; o instinto é preciso. O instinto sexual nos animais é cíclico, temporário, preciso, e ele é atendido com beleza e com precisão. Ninguém encontra um leão, um cachorro, em um consultório psiquiátrico porque está viciado em sexo. Contudo, no ser humano que entrou na sensação, há um componente muito especial chamado desejo, que é uma característica exclusiva – ele pode se tornar insaciável. Se não for conduzido e direcionado com sabedoria, poderemos abrir campo à obsessão. O que é a obsessão? É o domínio que um espírito exerce sobre outro. Mas, ele somente exerce esse domínio porque a criatura não tem autodomínio.

Ninguém vive sem desejo, porque o desejo é a mola propulsora da evolução, o motor do barco; é ele que dá euforia, alegria de viver, e propulsiona. A questão é: não basta apenas o motor do barco, precisa do leme. Imagine um barco com motor possante sem leme... conduz para um penhasco.

Ao longo da experiência reencarnatória no orbe, nós temos sido escravos do desejo. Essa submissão ao desejo gera certo fundo psíquico viciado, gera frouxidão da vontade, incapacidade de autodomínio e, pior, inconsciência, porque como diz um pai da igreja: "Só pode ser salvo aquilo que é reconhecido".

Se eu não reconheço a sombra, se não reconheço a minha fragilidade, não posso regenerar. Porque ninguém regenera o que não reconhece.

Oportunamente, em outra visita ao Hospital Psiquiátrico Espírita André Luiz, de Belo Horizonte, considerando que não somos dessa área, eu questionei acerca de certos quadros psiquiátricos, sobretudo quando chegam ao judiciário, porque assustam um pouco. Então, eu perguntei: *Meu Deus, como é que existe um ser humano que chega nesse nível da perversidade, nos mais extremos graus da perversidade, quando a maldade vira prazer, quando a criatura encontra gozo na maldade?* Em resposta, eu obtive: *Eu vou dizer uma coisa, e você vai ficar impressionado – só as grandes inteligências conseguem atingir a perversidade; uma criatura simples que está em estágio mais mediano da evolução, que não tenha desenvolvimento da inteligência tão profundo, não dá conta de chegar a esses patamares de perversidade. Para alcançar um nível de perversidade, você tem que fazer um completo descolamento de razão e sentimento; só mesmo grandes inteligências. Se alguém tem dúvida,* eu recomendo que leia o livro *Libertação*[40] e estude nosso companheiro Gregório.

Por isso, existe o perigo da intelectualidade distorcida, da inteligência sem compromisso com o bem comum, com o amor; porque você não se torna feliz pelo que sabe, você se torna feliz ao amar e ser amado.

Nós nos tornamos felizes somente quando reconhecemos o amor de Deus, quando reconhecemos que somos infinitamente e integralmente amados por Deus. E quando, em retribuição, em dádiva a esse abundante e infinito amor, nós amamos.

Porque precisamos aprender a nos nutrir do amor que dá, que é a experiência dos altiplanos do sentimento, como colocado por Lázaro; no ápice do sentimento está o amor, porque é quando você se nutre do que você dá, não mais do que você recebe.

Até lá, muitos de nós faremos a experiência da inteligência sem compromisso, da inteligência que raciocina, cria sistemas, teorias, discute, estabelece hipóteses; contudo, minimamente preocupados com o bem comum, com a paz, com a harmonia, com a integridade de todos.

Há outro componente, que é a perversidade. Fundo viciado e perversidade são forças magnéticas, ou fundos são brasas dentro de nós que irradiam poder atrativo gigantesco que atrai pessoas, circunstâncias,

---

40 Francisco C. Xavier/André Luiz. *Libertação*. FEB Editora.

acontecimentos, situações. E talvez alguém vá pensar, *mas por que Deus permite isso?* Porque nós estamos tão desconectados da experiência interior que para enxergar dentro, temos de ver fora antes.

É a evolução feita aos tropeços, pois, às vezes, eu preciso cair 20 vezes para perceber que estou mancando. Depois de tanto cair, eu resolvo corrigir meus passos, atuar por dentro, e essa é a proposta. Porque não adianta se isolar do mundo, adotar a postura psíquica do fariseu, que é se vestir de pureza, adotar rituais exteriores, que são somente religiosos, se eu não me olhar de verdade, fazer a autoconfrontação, que consiste em processo doloroso.

Consciência sensorial e consciência moral

Gostaríamos de prosseguir nossa reflexão com base no livro *Ação e Reação*[41]. Temos aprendido que a consciência é multinível; não é compartimentada, mas uma teia dinâmica, e um dos aspectos de nossa consciência é a consciência sensorial. Mas, o que é a consciência sensorial?

Ela diz respeito a nós, encarnados. Significa que, se eu estou preso a um nível de consciência sensorial, eu faço somente o que é agradável e fujo do que é desagradável; se dá prazer, eu faço, se não dá prazer, eu não faço.

---
[41] Francisco C. Xavier/André Luiz. *Ação e Reação*. FEB Editora.

É a consciência puramente apegada aos sentidos. Mas, para desenvolver senso moral, é preciso ter coragem de sobrepujar a nossa consciência sensorial. Imagine acordar com o tempo chuvoso, 5 graus de temperatura, às 6 horas da manhã em um domingo para atender a um encontro de trabalhadores no centro espírita. Qual é o primeiro impulso sensorial? *Meu Deus, vou ficar quieto aqui.* Quem vai querer abandonar aquela sensação maravilhosa, aquele estado de agradabilidade sensorial? Quem vai fazer você levantar? O senso moral, o senso do dever.

Porque a consciência moral se orienta por outro padrão - o bom nem sempre é agradável. Mas, isso é senso moral, por isso Kardec esclarece[42]:

Compreende melhor o Espiritismo quem tem o senso moral desenvolvido, porque a consciência que ainda está num nível sensorial tem muita dificuldade em entender o Espiritismo.

---

42 Allan Kardec. *O Evangelho Segundo o Espiritismo*, Introdução. FEB Editora.

Você não adquire um título de competência sem senso moral, sem disciplina, porque é monótono. Um pianista, por exemplo, que se apresenta em um grande concerto, que precisa estudar oito horas por dia - essa demanda deve ser muito entediante.

O grande violonista Segovia dizia: *Se eu ficar um dia sem tocar, eu não percebo; dois dias eu percebo, três dias, a plateia percebe.* Imagine, então, após setenta anos de carreira, fazendo concertos; isso não pode ser agradável porque não é para ser agradável, é para ser bom, e o bom nem sempre é agradável. Assim, superar uma tentação não é agradável, agradável é cair na tentação. Nesse momento, entendemos a afirmação de Chico: "A tentação é você estar correndo de um cachorro muito grande, com uma vontade imensa de ser alcançado", porque é agradável cair na tentação e deixar-se dominar por ela.

O desagradável é vencer-se, é superar-se, e para isso, qual a força que polariza o nosso esforço de renovação íntima? Qual a força que nos torna capaz de superar hábitos milenares? No capítulo 2 do livro *Ação e Reação,* o benfeitor Druso ensina: "É que o propósito da vida trabalha em nós e conosco, através de todos os meios para guiar-nos à perfeição. Cerceando-lhe os impulsos, agimos em sentido contrário à lei, criando a aflição e o sofrimento em nós mesmos".

Do mesmo modo que a semente anseia ser árvore frutífera, cada um de nós sabe, intimamente, que é um ser angelical. Essa certeza, essa memória, essas lembranças, geram impulso, porque representam Deus agindo em nossa consciência, já que Deus mora dentro de nós. Ele é essa força que trabalha em nós e conosco, guiando-nos por todos os meios à perfeição.

Todas as plantas crescem buscando a luz. A vida é essa procura, e nós seres humanos não nos sentimos plenamente felizes e realizados se não realizamos nossos máximos potenciais; é da nossa natureza. Dentro desses potenciais divinos, está o potencial de amar, de renunciar, de aprender, de cooperar com Deus, porque nós somos filhos dEle, e o filho anseia comungar com o Pai; há uma fome de amor em todos nós, insaciável e insubstituível por qualquer criatura.

Você pode estar com uma pessoa muito amada ao lado e sentir certo vazio interior, porque esse vazio só pode ser preenchido por Deus; é a nossa sede de comunhão com o Pai. Nós podemos cercear esse impulso? Podemos. Podemos obstruí-lo? Podemos. Porém, tal postura resulta em aflição e sofrimento, porque não se trata de cumprir uma pauta moralista de conduta, ou atender a padrões e requisitos, mas uma questão de ser você. É impossível ser feliz sem realizar os máximos potenciais que estão dentro de nós, não tem jeito.

Nós ansiamos por expressar essas potências divinas, e é por isso que Kardec, na questão 621, pergunta aos espíritos: "Onde está escrita a lei de Deus?" E a resposta: "Na consciência". Se está escrita na consciência é porque Deus permite que ela seja escrita; os homens a esqueceram e a menosprezaram; quis Deus que eles se lembrassem.

Voltar para tais impulsos interiores é se lembrar da lei. Caminhar rumo à angelitude é lembrar, é acordar, é despertar a consciência que dorme dentro de nós. Esse é um longo trajeto.

Todos possuímos um desejo central, ou tema básico dos interesses mais íntimos, que é a túnica que define a nossa irradiação. Por isso, além dos pensamentos vulgares que nos aprisionam à experiência rotineira, emitimos com mais frequência os pensamentos que nascem do desejo central que nos caracteriza. Pensamentos esses que passam a constituir o reflexo dominante de nossa personalidade. Desse modo, é fácil conhecer a natureza de qualquer pessoa, em qualquer plano, pelas ocupações e posições em que prefira viver. Isso significa que, ao nos propormos sair vitoriosos dos processos de tentação, é importante que cada um identifique qual é o tema básico de seu psiquismo.

Para alguns, a sexualidade e a troca afetiva; para outros, as relações humanas que envolvem hierarquia, poder. Tudo está relacionado com o nosso interagir com o outro. Pode ser a nossa relação com os bens, com os recursos, a ânsia de acumular, a ânsia de guardar. Cada um tem um tema básico; a partir desse tema básico, estrutura-se uma teia complexa e intrincada de desejos que gravitam em torno do desejo central. Isso tudo forma uma vibração, tem cor, tem frequência, cheiro, raio, energia, e atrai – isso define quem nós somos.

Portanto, quando falamos em Evangelho, em reforma interior, falamos do maior projeto humano, o maior desafio posto ao homem sobre a Terra – a autoconfrontação, o conhecer-se, identificar-se, para poder, com o auxílio das forças divinas que atuam em nós e conosco, estabelecer novo movimento, novo rumo, nova alvorada.

O que faz de nós,
seres humanos,
a única espécie
capaz de se alienar?

CAPÍTULO 9

QUAL O SENTIDO DA SUA VIDA?

Neste capítulo faremos reflexão acerca do sentido espiritual da vida. Emmanuel, em *Pensamento e Vida*[43], nos propõe que o universo pode ser compreendido tal qual uma cadeia de vidas ligadas à grande vida.

Outro dia, eu vi um casal que trazia nos braços uma criança com um mês de vida e, olhando para a

---

[43] Francisco C. Xavier/Emmanuel. *Pensamento e Vida*. FEB Editora.

fragilidade daquele bebê, eu pude perceber que nós, da espécie humana, somos os bebês mais frágeis da natureza. Aquela criancinha, caso fosse deixada ao sabor da natureza, não sobreviveria nem por quatro horas. A dependência de um bebê nos revela um fato extraordinário da existência humana: nós somente nos tornamos seres humanos em razão da assistência, da convivência e da participação de outros seres humanos em nossa vida. Ao contemplar aquele bebê, eu pude notar a força das palavras de Emmanuel quando nos ensina que a nossa vida está encaixada em uma cadeia de vidas.

Muitos pesquisadores já divulgaram um fato que se repete ao longo do século: crianças que, por motivos desconhecidos, se desprendem de suas famílias e acabam vivendo em companhia de animais. Quando encontradas, apresentavam problemas de linguagem e comportamento.

Existem etapas de aprendizado, e se em determinado tempo, não aprendermos algumas coisas, depois há uma dificuldade gigantesca para que esse aprendizado se faça e a linguagem é uma delas. Uma dessas crianças inspirou o filme *Mogli, o Menino Lobo*. No filme, o protagonista não conseguia andar sobre as duas pernas, andava como se fosse um lobo ou um urso. Não se comunicava, apresentava profunda dificuldade de expressar emoções humanas, demonstrava enorme medo da espécie humana, preferindo o isolamento. Portanto, aquela criança que, no momento crítico de seu desenvolvimento psicológico e físico, esteve em contato com animais, havia assimilado o estilo de vida deles.

Quando nós observamos uma criança em seu processo de aprender a andar e a falar, é que nos damos conta de que, se não fosse a presença de outros seres humanos, nós regrediríamos ao nosso passado espiritual evolutivo e resgataríamos a nossa memória animal. É, portanto, uma cadeia de vidas que nos sustenta – nossos pais, nosso núcleo familiar, de convivência nos primeiros anos de vida, nossas interações na escola, na comunidade em que vivemos e em ambientes de espiritualidade e de religiosidade. São essas interações que estimulam não somente a nossa humanidade, mas a nossa espiritualidade. Mas, é preciso avançar e reconhecer com Emmanuel que toda essa cadeia de vida humana está ligada de modo extraordinário à grande vida, que é Deus.

Deus, a inteligência suprema e o amor infinito da criação, é quem sustenta toda essa teia da vida no universo infinito. É importante que a nossa reflexão sobre a vida parta desse princípio.

O que faz de nós, seres humanos, a única espécie capaz de se alienar? Porque nenhuma outra espécie sofre crise de identidade.

> *Somente o ser humano consegue fazer um mergulho em tão profundo deslocamento, a ponto de não sentir a presença de Deus e perder o sentido da vida.*

Vida no sentido de circunstâncias externas e vida no sentido de experiência subjetiva

Nós nos lembramos de uma fala de Emmanuel: "Tudo na criação existe". Até as pedras existem. Mas, viver é muito mais do que existir. Dirá Emmanuel: "A vida é a experiência digna da imortalidade"[44]. Eu o convido a uma reflexão; toda vez que nós abordamos o tema "vida", é preciso fazer distinção entre vida no sentido de circunstância, de acontecimento externo, e vida no sentido de experiência subjetiva.

Por exemplo, uma pessoa pode estar em um lugar paradisíaco, com um pôr do sol maravilhoso, que induz ao agradável. Entretanto, essa pessoa pode estar em processo de tristeza, de solidão e de profundo de-

---
44 Francisco C. Xavier/Emmanuel. *Palavras de Vida Eterna*. CEC Editora.

samparo. Como explicar essa desconexão? Por fora, o maravilhoso, o indescritível. Mas, por que alguém em uma paisagem tão linda se desconecta tão profundamente do exterior para viver uma experiência de tristeza e de luto? Outro exemplo; você pode estar em um velório, onde tudo exteriormente induz à tristeza, mas, embora sentindo saudade e vivendo o luto, internamente está em um processo de absoluta serenidade, resignação e confiança em Deus.

Nem sempre aquilo que está em nossa intimidade está sincronizado com o que acontece fora. Pouquíssimas vezes podemos dizer: *A nossa experiência subjetiva acompanha o acontecimento externo.* Todavia, nós poderíamos dizer, para efeito didático, que há uma vida externa e há uma vida interior. Há uma vida que acontece em nossa intimidade, e há outra paralela, que acontece fora de nós. E a grande experiência de estar vivo é, intimamente, a tentativa de sincronizar. A experiência nos diz isso. Contudo, em nenhuma fase de sua vida, tudo vai estar bom. É raro.

Se você não está com problema financeiro, está com problema de saúde. Se você não está com problema financeiro, nem de saúde, está com problema de relacionamento. Se o problema não é de relacionamento, é com a família. Mas, caso você não esteja com problema algum, você certamente poderá estar com problema em você.

A vida vai alternando circunstâncias desafiadoras, circunstâncias que instigam nossa inteligência, nosso equilíbrio emocional e nossa integridade psíquica. Estamos, constantemente, sendo desafiados pela vida. Por quê?

Porque a experiência no corpo físico é educativa, e não há aprendizado se você não for desafiado.

Desafio no sentido de ser estimulado a se melhorar para aprender coisas novas, sair de sua zona de conforto e ter de se reinventar, se transformar, renovar. Transcrevo a seguir alguns parágrafos do capítulo 18, do livro *Fonte Viva*[45], para comentar essa perspectiva acerca da vida que acontece dentro de nós, que nem sempre está em sincronia com a vida que acontece fora de nós.

Emmanuel salienta o versículo 4, do capítulo 4, de O *Evangelho de Mateus*: "Não somente de pão viverá o homem, mas de toda palavra que sai da boca de Deus", e a mensagem se chama: "Não somente".

"Não somente agasalho que proteja o corpo (...) porque agasalho que protege o corpo é experiência exterior. É importante, mas não somente. (...) mas

---

[45] Francisco C. Xavier/Emmanuel. *Fonte Viva*. FEB Editora.

também o refúgio de conhecimentos superiores que fortaleçam a alma".

Muitos de nós têm um, dois, quatro, cinco agasalhos, mas quer viver sem conhecimentos superiores para fortalecer a alma. Porque a humanidade hoje, a da transição planetária, atingiu o ápice do materialismo. Muitos acreditam que a vida material basta por si só, e é por isso que nós atingimos neste século o mais elevado índice de depressão e de tristeza. Jamais, na história humana, nós tivemos milhões de pessoas lutando contra a depressão, embora tenhamos acesso a tantos recursos materiais. É um disparate.

É preciso prover a vida externa, mas também a vida interior. E a vida interior pede um agasalho. Contra que frio? Por que você precisa de um conhecimento superior para fortalecer sua alma? Para se proteger de que frio?

O frio da perda de um relacionamento, por exemplo. Jovens que ingressam no primeiro namoro, como o rapaz que é rejeitado pela namorada ou a moça que é preterida pelo namorado e que se suicida, porque não suportou o frio do abandono. Alguém que perdeu um ente querido e que não suporta o frio da despedida provisória, ou alguém que sofreu um revés financeiro e não suporta o frio da perda. Por quê? Porque esse alguém se concebe, essa pessoa se enxerga, tal qual um amontoado de células biológicas que acabam no túmulo. Ela não possui conhecimentos superiores capazes de aquecer a alma. Nas palavras de Emmanuel: "Não só a beleza da máscara fisionômica", não apenas o botox, o fio para esticar, a plástica, o creme antirruga, "mas igualmente a formosura e a nobreza dos sentimentos".

Certa ocasião, eu estava em Belo Horizonte e vi quando um casal bonito, ele vestido elegantemente, e a esposa, linda, entraram em um carro lindo, e dentro do carro, estavam filhos igualmente lindos. Naquele instante, comecei a me sentir feio. O carro começou a sair da vaga, e ao abrir o vidro, ela colocou a mão para fora e jogou um lixo no chão. Eu me senti bonito novamente. Porque não basta formosura do corpo, é preciso também a nobreza dos sentimentos.

A nossa vida interior precisa ser bela, nós precisamos cultivar formosura interna também. E essa formosura interna se reflete nas palavras que nós escolhemos, na maneira como nos comunicamos e nos expressamos, na maneira que pedimos ou exigimos. Isso é formosura. É vida interior.

"Não apenas a eugenia que aprimora os músculos". Não somente a musculação para ficar com o corpo malhado. Mas, também a educação que aperfeiçoa as maneiras. Porque a pessoa pode apresentar um corpo esculpido, mas maneiras primitivas, gestos e comportamento grosseiros o que reflete, claro, desequilíbrio entre a vida exterior e a vida interior.

"Não somente a cirurgia que extirpa o defeito orgânico, mas igualmente o esforço próprio que anula o defeito íntimo". Hoje, a medicina disponibiliza vários recursos para a remoção das imperfeições do corpo; todavia, há somente um recurso para remover imperfeições da alma: a educação espiritual. E infelizmente, isso não é ensinado nas escolas. A maioria dos pais atuais ensinam os filhos a serem peritos no vestibular, peritos em passar no concurso, mas não dão ferramentas para extirpar, para extrair defeitos morais, defeitos do caráter.

"Não só o domicílio confortável para a vida física, mas também a casa invisível dos princípios edificantes em que o espírito se faça útil, estimado e respeitável". As pessoas precisam nos respeitar, nos estimar e perceber que nós somos prestativos e úteis.

"Não somente os títulos honrosos que ilustram a personalidade transitória, mas igualmente as virtudes comprovadas na luta objetiva que enriqueçam a consciência eterna". Com certa frequência, nós nos perguntamos por que Deus permite a dor, o sofrimento, se nós somos uma cadeia de vidas, ligada à grande vida. Por que a perda de um ente querido, uma doença, um revés financeiro? Por que uma dificuldade afetiva, uma inibição física? Por quê? Porque esses são recursos da evolução para aprimorar e fortalecer a alma.

Não fossem as intempéries, as dificuldades, ainda estaríamos nas cavernas, sem aprimorar a nossa inteligência e sem embelezar nossos sentimentos.

Esses desafios da vida são os que nos proporcionam experiência e, nada melhor, nada mais belo, do que uma pessoa vivida e cheia de experiência, que já enfrentou inúmeras dificuldades. Porque essa pessoa, que passou por muitas dificuldades na vida e as venceu e as superou com integridade, é um ser que emana serenidade. Ela é serena. Ela é profunda. Entretanto, quem não passou por desafios é superficial. Somente a experiência e a dificuldade conferem profundidade. E quer compreendamos ou não, apenas a dor ilumina de um modo especial o nosso coração. Todas essas aquisições que a dor nos traz podem ser definidas como a beleza oculta.

Há uma beleza oculta por trás das dificuldades. Alguns especialistas têm dito que a nossa sociedade pode ser conhecida como a sociedade do analgésico. Nós queremos poupar nossos seres amados de toda dor, de qualquer dificuldade, e isso representa um problema.

Em verdade, nós chegamos a um ponto em que tentamos a todo custo evitar os obstáculos. E o resultado é que tem muito jovem sem preparo para o enfrentamento. Nem sequer resistência psíquica para tirar nota ruim na faculdade. É preciso refletir a respeito. É preciso refletir sobre essa vida interna.

"Não só aspecto agradável, mas igualmente utilidade viva. Não apenas flores, mas também frutos. Não somente ensino continuado, mas igualmente demonstração ativa. Não só teoria excelente, mas também prática santificante. Não apenas nós, mas igualmente os outros. Disse o mestre: 'Nem só de pão vive o homem'. Apliquemos o sublime conceito ao imenso campo do mundo. Bom gosto, harmonia e dignidade na vida exterior constituem dever". Bom gosto, harmonia e dignidade significam dever; nós temos o dever de cultivá-los. Contudo, humildade não é sinônimo de desleixo.

Mas, não nos esqueçamos da pureza, da elevação e dos recursos sublimes da vida interior. É preciso equilibrar o que está fora com o que está dentro, para que possamos nos dirigir para a eternidade.

A Doutrina Espírita possui um conjunto de ferramentas capaz de ajudar a vida interior do ser humano; recursos que tornam possível enfrentar a tristeza, a angústia, a solidão, o abandono, a saudade, a perda, o revés... Por quê? Porque a Doutrina Espírita retira a dificuldade? Não, ela não retira a dificuldade, mas o desespero. Com o desespero, você perde o sentido da vida.

A perda do sentido da vida é fruto do desespero.

A criatura, ao ser confrontada com certa dificuldade, sem encontrar a saída, entrega-se ao desespero, que pode levar à desintegração psíquica, ao suicídio; porque existe o suicídio exterior, mas também existe o suicídio interior. O suicídio interior é quando você perde a sua autoestima, a alegria de viver, a capacidade de se encantar com as coisas simples e com as dádivas da natureza; quando você passa as mais diversas situações e não é capaz de arrancar mais um sorriso de seu rosto isso é suicídio. Quando você tem família, um lar com pessoas que o amam, e mesmo assim, você não consegue se sentir feliz; enquanto há pessoas morando na rua, desempregadas, sem assistência, sem ninguém.

É também morte, quando não somos mais capazes de sentir gratidão. Gratidão por estar vivo, gratidão por respirar, gratidão por nos movimentar.

Eu me lembro de Jerônimo Mendonça, o gigante deitado. Certo dia, em uma entrevista, a repórter pergunta para ele:

— Jerônimo, o que é felicidade para você?

— Para mim, felicidade é poder virar na cama, porque já faz décadas que eu estou deitado e não consigo virar.

Então, isso é vida. Atentar não apenas para músculos fortes, mas também para o fortalecimento do espírito, para termos resistência moral nas intempéries. Na obra *Amizade*[46], na mensagem intitulada "Ora e Confia", psicografia de Francisco Cândido Xavier, Meimei fala sobre as dificuldades da vida: "Se um dia te encontrares em situações tão difíceis, que a vida te pareça um cárcere sem portas, ora em silêncio e confia em Deus, esperando pela divina providência. Porque Deus tem estradas onde um mundo não tem caminhos. É por isso que a tempestade pode rugir à noite, mas não existem forças na Terra que impeçam, a cada dia, a chegada de novo amanhecer".

Todos os dias, não importa o rigor da noite, jamais faltou um alvorecer, e nós aprendemos na Doutrina Espírita que somos espíritos imortais, e que Deus renova constantemente a nossa vida.

Talvez agora você esteja na confusão da transformação, mas confie, porque virá o alvorecer e essa situação será superada.

---

46 Francisco C. Xavier/ Meimei. *Amizade*. FEB Editora.

Por você? Não apenas você faz parte de uma teia; para que a sua encarnação fosse possibilitada, inúmeros espíritos tiveram de avaliar. Você está aqui acompanhado. Enquanto você vive no palco da vida, existe uma plateia, uma nuvem de testemunhas acompanhando. E por que eles não vêm para o palco? Porque ninguém pode viver a experiência por você. Os espíritos que nutrem afeição por você, seu espírito protetor, seus espíritos familiares, os seres da esfera superior que o apoiam, acompanham todos os detalhes de sua vida, mas eles não podem assumir o seu lugar. Eles não podem poupar você das provas ou arrancá-lo da expiação. Se fosse assim, o mundo não seria uma escola de espíritos. Todavia, eles podem se fazer presentes.

A presença dos amigos espirituais nos momentos tormentosos de nossa existência é uma dádiva, uma vez que eles podem inspirar. Contudo, para que isso ocorra, é preciso serenidade, porque agitado, estressado, ninguém consegue ouvir o conselho e a orientação dos benfeitores espirituais. A serenidade é o silêncio da alma. Se você não fizer silêncio, não vai escutar Deus.

Cultive a serenidade, a confiança, a paz, e você sentirá a presença. Você sentirá a intercessão e perceberá circunstâncias novas em sua vida. Atenção para os imprevistos. Pequenos imprevistos na vida podem ser grandes recados. Um avião que você perde, uma consulta que foi cancelada, certo impedimento para chegar a um local. Você não tem a visão de conjunto. O que nós julgamos ser algo ruim pode se revelar grande dádiva. Particularmente, eu aprendi uma lição: há somente uma maneira de Deus depositar bênçãos em suas mãos – elas precisam estar vazias. Por conseguinte, quase sempre as dádivas são precedidas de perdas.

> *Toda vez que você se aproxima de Deus, Ele tira um pouco de você e coloca um pouco dEle, mas a maioria dos encarnados não está preparada para perder e, portanto, deixa passar a grande oportunidade de ganhar um pouco de Deus.*

Esse é o aspecto mais profundo da existência corporal a capacidade de resignação. Muito se tem falado de resiliência, mas pouco de resignação. Somente é verdadeiramente resiliente, o resignado, porque a Doutrina Espírita nos ajuda a entender que há coisas na vida que você tem de aceitar e ponto final.

Nós queremos nos manter psiquicamente saudáveis, porém, temos assistido a uma multidão gigantesca perdendo o sentido da vida. Por quê? Porque milhões de pessoas estão congeladas no passado, viveram uma experiência traumática e não conseguiram sair daquela situação. Passaram-se dez, quinze, trinta anos, e a pessoa ainda está lá, estagnada.

É semelhante a um motorista que dirige olhando apenas para o retrovisor; o seu olhar congelou no passado. Há também milhões de criaturas que vivem sem conseguir se libertar da mágoa e do ressentimento. Elas não conseguem enxergar nada mais além daquele quadro em que foram ofendidas, agredidas, usurpadas. A mente delas é um ciclo contínuo de mágoa e ressentimento. Um espetáculo de bênção pode ser apresentado a elas – amores que chegam, filhos que crescem, netos que se avizinham, oportunidades grandiosas mas elas não abrem mão do sentimento de um milhão de anos atrás.

Essas são posturas psíquicas de morte. São criaturas biologicamente vivas, mas psiquicamente mortas. Porque a vida tem uma característica que a define, e gostaria de explicar isso com um exemplo: você já teve a oportunidade de reparar em uma criança aprendendo a andar? Ela se levanta, a perninha treme, ela dá um passo e começa a desequilibrar; dá outro passo e cai com o rosto no chão e chora. Em seguida, ela se acalma e tenta de novo. Nós, os adultos, não fazemos o mesmo, porque perdemos a capacidade de confiar. Confiar possibilita viver uma experiência nova, independentemente da queda que se tenha experimentado.

Esse é o grande ponto da vida; quando nós nos fechamos para a possibilidade do alvorecer. Trata-se da morte mais temível, ou seja, continuar biologicamente vivo, mas por dentro, estar necrosando. Essa é a grande reflexão que a Doutrina Espírita nos propõe.

E eu termino este capítulo com um pensamento de Emmanuel, no livro *À Luz da Oração*[47]: "Não olvides, não te esqueças, que a permanência na Terra é uma simples viagem educativa de nossa alma, no espaço e no tempo. E não te esqueças de que somente pela oração descobriremos, a cada dia, o rumo que nos conduzirá de retorno aos braços amorosos de Deus".

A nossa existência física está delimitada. Ela é uma viagem. Graças a Deus, em nosso bilhete de vinda, não conseguimos enxergar o dia da volta. Mas, ele está marcado. E que essa viagem possa ser uma viagem com rumo. Porque a pior coisa que tem é navegar sem rumo.

Não há motivo para perdermos o rumo, e se algum dia você se sentir assim, lembre-se de que há uma bússola poderosa dentro de você, e ela se chama oração.

---

[47] Francisco C. Xavier/Espíritos Diversos. *À luz da Oração*. Casa Editora O Clarim.

Parte de nossa
renovação pode
ser feita somente
pela dor.

CAPÍTULO 10

EDUCAR SENTIMENTOS

Gostaríamos de comentar sobre os discípulos. É sempre muito desafiador falar dos apóstolos de Cristo, porque como nos diz o codificador, nós temos tendência de assimilar tudo ao nosso ponto de vista e costumamos medir os apóstolos do Evangelho segundo critérios puramente humanos.

Os setores pessoais das empresas muitas vezes terceirizam o trabalho do recrutamento; contratam com base em especialistas que buscam no mercado pessoas capazes de dirigir e representar as empresas e, naturalmente, eles adotam critérios que são humanos: habilidades, diplomas, tempo de trabalho, outras experiências na direção de outras empresas. Tudo isso é usado como critério para escolher dirigentes, presidentes de companhia, funcionários. E qual de nós já não passou por um processo seletivo? Por uma entrevista?

Ocorre que, quando se refere à figura de Jesus tal qual nos apresenta a Doutrina Espírita, o Espiritismo mostra a real condição de Jesus. Ele é o governador espiritual do orbe. Mais do que isso, Ele é o espírito que construiu esse planeta; é o cocriador em plano maior, que conta com espíritos puros em sua equipe, que há cerca de cinco bilhões de anos cooperam com Ele para a formação desse planeta. Espíritos que colaboraram com Ele na criação dos oceanos, dos continentes; que desenharam cada espécie da flora terrestre, apresentando projetos para cada uma das plantas que existe no planeta; que também projetaram a fauna do planeta; cada espécie animal foi desenhada e meticulosamente implantada.

São geneticistas que acompanharam o desenvolvimento biológico; uma equipe de centenas de milhares de anjos, espíritos angélicos que, após atingirem o grau de pureza espiritual, prosseguem cooperando na obra infinita do Criador.

Mas, Jesus, ao encarnar no orbe, poderia ter trazido os seus cooperadores angelicais; poderia ter vindo com seu séquito de espíritos puros. No entanto, Ele vem até nós e chama seres humanos, para, segundo

Emmanuel, "que pudéssemos nos identificar com eles, para que pudéssemos olhar e examinar cada apóstolo e cada discípulo e nos sentirmos pertencentes, para termos a sensação de pertencimento na obra do Cristo". Portanto, falar de Simão Pedro como um pescador de Cafarnaum é quase não perceber os critérios que levaram o Cristo a escolher aquela alma e é também desconsiderar os aspectos do trabalho de Jesus.

> *Jesus formou o planeta, portanto, se Ele veio ao mundo, é porque o seu trabalho não é mais o mundo - o seu trabalho somos nós.*

A obra do Cristo é uma obra de regeneração da criatura humana. É bom dizer isso, porque nós imaginamos sempre que Jesus está recrutando trabalhadores para trabalhar com alguém. Não. Jesus recruta servidores para primeiramente transformar os servidores. Inicialmente, ele chama alguém para redimir esse alguém, e através da redenção desse servidor, redimir outros que convivam com ele. Logo, se você fosse recrutar, se fosse você o senhor da seara, talvez você não tivesse chamado a cortesã de Magdala, por ver nela apenas os sinais externos de um coração feminino que se entregou ao prazer físico, à riqueza, à ostentação dos bens materiais; porque nós, encarnados, apenas com muito esforço, ultrapassamos o reino das aparências.

Com Cristo, porém, era diferente. Ao olhar para Maria de Magdala, viu nela um coração feminino redimido, um coração de mulher que edificaria o amor puro, que seria a porta-voz da imortalidade da alma. Desse modo, Ele preferiu aparecer primeiro para ela do que para a sua própria mãe, a nos dizer que condecorava aquele coração e aquele espírito pelo esforço que empreendia na renovação de seus sentimentos.

Jesus, por sua vez, não chamava Maria de Magdala para realizar uma tarefa, mas para o processo de transformação que não teria fim, porque passados dois mil anos, ela prossegue na caravana da fraternidade e na seara de Jesus, orientando todos os corações femininos que se aproximam da obra do Cristo. E prosseguirá até a redenção do mundo, ou mais, porque nos diz Emmanuel em *A Caminho da Luz*[48]: "O que fará o Cristo do mundo redimido? Não sabemos".

Ao ler o Evangelho, talvez você tenha olhado para um homem rude, grosseiro, apaixonado, violento, sincero, arrogante, inteligente... Caso fosse você o recrutador, você diria: *Não pode uma pessoa tão bruta assim trabalhar para Jesus*. No entanto, Saulo foi o vaso escolhido, e o próprio Cristo disse por Ananias:

---

[48] Francisco C. Xavier/Emmanuel. *A Caminho da Luz*. FEB Editora.

"Ananias, cura-lhe a visão, porque eu lhe mostrarei o quanto ele deve padecer pelo meu nome".

Jesus não é distribuidor de padecimentos, mas parte de nossa renovação pode ser feita somente pela dor. Há algumas cristalizações no espírito humano que podem ser dissolvidas apenas pela água salgada das lágrimas. Talvez você tenha a impressão de que Saulo fora chamado para realizar uma obra, mas na verdade, Saulo é a obra do Cristo. Redimi-lo significa redimir todos os espíritos da Terra com os mesmos traços de personalidade dele. Redimir Saulo é ter construído no mundo um caminho para a redenção de todos os intelectuais arrogantes que existem na Terra.

E talvez você olhe apenas para aquele homem velho, de barba branca, de baixa estatura, publicano, que luta para manter sua família e cuidar de seus trabalhadores. E talvez nos seus critérios humanos, você não tivesse chamado Zaqueu. No entanto, onde o olhar humano via Zaqueu, o olhar do Cristo via Bezerra de Menezes. Portanto, a grande obra de recrutar Zaqueu era, na verdade, a obra de transformá-lo em Bezerra de Menezes; porque ao transformá-lo em Bezerra de Menezes, todos os patriarcas encontrariam um caminho para regeneração de seus espíritos.

E, quem sabe você, presenciando a imaturidade, o arroubo, o entusiasmo e a ingenuidade de dois jovens de 14, 15 anos de idade, não teria recrutado esses dois rapazes. Porque o olhar humano veria um João e um

Thiago Maior como jovens inexperientes, bem-intencionados, alegres, exaltados. Mas, os olhos do Cristo enxergavam em João, aquele que viria como Francisco de Assis, e em Thiago Maior, o primeiro mártir apóstolo que foi assassinado no ano de 44. E eles prosseguem. Se você olhasse para o menino, o rapaz João Evangelista de 15 anos, você seria capaz de enxergar o espírito que iria dirigir a Codificação Espírita? Então, talvez você pense que o Cristo chamou João para realizar um trabalho no mundo, mas Jesus também o chamou para realizar nele um trabalho. E com base no capítulo XV do livro *Crônicas de Além-Túmulo*[49], de Humberto de Campos, nós sabemos que a João Evangelista foi confiada a responsabilidade pelo Consolador prometido na face da Terra. Nosso diretor, quem dirige o Espiritismo no mundo, é João Evangelista, ou se você preferir, Francisco de Assis.

Mas, talvez você tivesse hesitado se tivesse convivido com aquele senhor, um pai de família, em luta pela própria manutenção sua e dos seus. Se você o visse, se você o ouvisse falando, talvez não o escolhesse para liderar o colégio apostólico. Eu tenho certeza de que se você tivesse em sua empresa um funcionário que o negasse três vezes, dificilmente, entregaria a ele a condução de sua companhia. Entretanto, se o olhar humano enxergava um pescador de Cafarnaum, Ele,

---

49 Francisco C. Xavier/Humberto de Campos. *Crônicas de Além-Túmulo*. FEB Editora.

Jesus, enxergava o grande Simão Pedro do Evangelho; e grande parte do trabalho que Jesus confiou a Simão Pedro é o trabalho de transformá-lo em Simão Pedro.

Esses fatos desconcertantes para o encarnado nos levam a profundas reflexões: quais elementos nós temos para julgar as escolhas de Jesus? Até onde você enxerga? Até onde o seu olhar é capaz de tocar? Você é capaz de, olhando para o companheiro que trabalha hoje, encontrar nele o que o Cristo projeta para ele daqui a dois mil anos? Você é capaz de divisar o fim desse projeto? Você seria capaz de olhar para o senador Públio Lentulus e ver Emmanuel? Não.

Mas há um elemento de que nós, espíritas, nos esquecemos de uma maneira incompreensível. João Evangelista continua ativo, Maria de Magdala continua ativa. Todos que um dia foram chamados continuam, igualmente, ativos. Bezerra de Menezes, Eurípedes Barsanulfo e tantos outros; eles prosseguem.

Agora vou fazer uma pergunta decisiva: onde você se encaixa nessa caravana? Em que você agrega? Quando você deixará de desagregar? Que horas soará no relógio de sua evolução quando você parar de atrapalhar para começar a contribuir? Quando vamos compreender que essa é uma caravana milenar? Que aqui não é um palco para que você brilhe, mas uma caravana para que você se integre. Contudo, viajar em grupo é mais difícil, pois sozinho eu faço as minhas regras, mas em grupo, se um para, ele atrasa o grupo todo; se um tomba, o grupo para. Mas há uma coisa que nós precisamos entender: se eu estou em grupo, há muitos velando por mim. Portanto, a grandeza do trabalho do Cristo e a maturidade dessa convocação é:

Não importa os seus talentos, importa a qualidade com que você se agrega.

Quem conhece o apóstolo Simão, o Zelote? O que ele fez nas encarnações posteriores? Eu também não sei. Na perspectiva humana, nós valorizamos somente o destaque. Isso é natural, faz parte da infância espiritual. Kardec salienta que o espírito também, do mesmo modo que o corpo, possui os períodos de amadurecimento. Faz parte da criança só falar dela, faz parte da criança essa sede de aprovação. A essa altura, já deve ter ficado claro que, quando Jesus convoca alguém, não o convoca para cinco anos de trabalho, mas sim para milênios de trabalho. E quando você coloca em perspectiva milênios de trabalho, o que está em foco não é mais o seu talento e o que você pode fazer para aparecer.

Ao ser convocado para uma obra de milênios, o que conta é a qualidade de sua agregação. Tem muita gente talentosa que não está na caravana do Cristo, porque não sabe agregar. E a caravana do Cristo é uma caravana de agregadores, é um trabalho de quem sabe pertencer e de quem sabe cuidar. Vamos tentar demonstrar isso. Se você examinasse Simão Pedro, talvez cometesse um erro de encarnado: *Ah, eu vou comparar Simão Pedro com Saulo de Tarso; Saulo é mais inteligente, escreve carta, faz isso, faz aquilo...* e esse comportamento é natural, uma vez que os apóstolos foram chamados para que você se identifique com eles. Entretanto, identificação não pode representar cegueira para o conjunto da obra.

Conflito entre Simão Pedro e Saulo

Houve um conflito na igreja de Antioquia; Simão Pedro errou gravemente. E Saulo falou: "Vou corrigir esse erro". E como é que corrigiu o erro? Cometendo um erro maior.

Abriu-se a reunião pública, na igreja de Antioquia. Simão Pedro era um convidado, vindo de Jerusalém. Talvez ali envolvido por Thiago Menor, que afinal era seu companheiro, morava com ele na Casa do Caminho; talvez levado pelas relações afetivas, isso é importante, muitas vezes nós também deixamos o Cristo para ficar com as relações, ele seguiu a obsessão do amigo, abandonando o Cristo. Simão Pedro começou a tratar os gentios com preconceito, para agradar a Thiago. E Paulo, o que fez? Falou: "Vamos corrigir" – e publicamente desmereceu Simão Pedro.

Paulo corrigiu, mas é a correção de quem não ama, porque:

> *Quem ama quer corrigir para melhorar, quem não ama quer corrigir para destruir. E toda vez que você vir alguém querendo destruir sob o pretexto de corrigir, isso não é Jesus.*

"Afasta de mim, satanás", é o que Jesus falou a Simão Pedro. Porque satanás é o adversário, é o que está contrário à Obra. Logo, se você está corrigindo para destruir, você está por conta própria, ou seja, está contra o Cristo. Você está gerando causa e vai colher os efeitos, porque "com a mesma medida que você mede, você será medido". O critério que você aplica será aplicado a você.

Na história, Paulo corrigiu para destruir, porque simplesmente foi desrespeitoso e ingrato com Simão Pedro, uma vez que ao regressar do deserto, quando estava sozinho e desorientado, quem o acolheu foi Pedro.

Mas, naquele momento em que estava em pleno curso de sua missão, o que ele devolveu para Simão? Ingratidão. Em vez de chamar o irmão e ter uma conversa em particular, ele preferiu desmoralizar. Mas, então, você pensa: *Nossa, Paulo era tão talentoso, Simão Pedro não era.*

Nessa hora, o próprio Cristo projetou uma cruz diante dos olhos de Simão Pedro, e ele entendeu que, no plano vertical, estava um apóstolo; no plano horizontal, estava outro, e que a cruz do Cristo era bem um símbolo da integração humana dos opostos. Que a obra do Cristo era semelhante a uma salada de frutas, com lugar para maçã, para manga, abacaxi, laranja, morango, uva. Porque a grandeza está na reunião, e Pedro entendeu que, para solucionar aquele conflito, ele precisaria ir para a cruz.

Então, Simão Pedro foi para a cruz, se levantou e disse: "Meus amigos, mantenhamos a calma. Paulo de Tarso está certo, eu estou errado. Agora vamos continuar nossa reunião. Paulo, por favor, faça um comentário". Emmanuel disse que a divergência entre Paulo e Simão Pedro foi o maior risco que o Cristianismo correu em suas origens. Por quê? Porque, caso Simão Pedro não fosse para a cruz, se formariam um Cristianismo Paulino e um Cristianismo de Simão Pedro.

Está evidente por que Jesus escolheu Simão Pedro para ser o líder? Pode ser que ele não fosse o apóstolo mais talentoso, mas certamente era o que possuía a maior qualidade de agregação. O grande trabalhador do Cristo é o que sabe se agregar e caminhar com a caravana.

A verdade é que certo ou errado, Simão Pedro se manteve sempre agregado; jamais abandonou seu posto de trabalho, nem deixou de apoiar o trabalho de Paulo de Tarso. E do mesmo modo que Pedro, Paulo também corrigiu.

Na época em que Simão Pedro foi expulso de Jerusalém, Paulo estava realizando a viagem de seus sonhos – conhecendo a Espanha. Tratava-se de um espírito visionário, um apóstolo que enxergava além, porque a Espanha no futuro se tornaria o entroncamento entre judeus, muçulmanos e cristãos. E Paulo, ao saber que Simão Pedro havia sido expulso, perdido a Casa do Caminho e estava voltando para Roma com a família, pois não tinha onde morar, interrompeu a viagem e voltou para organizar a sua recepção: movimentou todas as suas amizades, todos os seus companheiros, e conseguiu uma casinha para ele, partindo ao seu encontro depois.

Era o novo Paulo, não mais o intelectual arrogante, não mais o orgulhoso doutor da lei, mas um caravaneiro do Cristo, que entendeu que o valor do servidor está em sua capacidade de agregar, de pertencer, de unir-se, de fazer parte, de contribuir.

E nessa caravana, nós também estamos, não na condição de condutores, pois sequer somos os caravaneiros mais antigos; somos novatos seguindo longe, lá na ponta não dá nem para ver direito Jesus. Há muitos espíritos à nossa frente, mas o que importa mesmo é que, nessa caravana, há um lugar para o dom de cada um de nós.

Ninguém diminua a sua qualidade e o valor de sua contribuição, mas entenda: a obra do Cristo não é uma obra que se ergue sobre o seu talento, mas sobre a reunião de múltiplas inteligências, de múltiplos sentimentos e de muitos corações. A caravana prossegue. O Evangelho tem regenerado centenas de milhares de espíritos, e acertadamente complementa Emmanuel: "Avança, a cada dia, um coração por vez".

Quando será a vez do seu coração, meu amigo, minha amiga? Essa é uma resposta individual.

Tudo muda,
tudo experimenta
para se aperfeiçoar.

CAPÍTULO 11

É **TEMPO** DE **RENOVAR**

    Eu gostaria de trazer para reflexão uma experiência minha ocorrida em Bento Gonçalves, Rio Grande do Sul. Exatamente na região vinícola do país, onde imigrantes da Itália se fixaram, fugindo da guerra e trazendo sua cultura, seu esforço, persistência e resiliência. E nessa região cultivaram e exportam os seus produtos para o mundo inteiro. Quando estive em Bento Gonçalves, para fazer uma palestra, visitei uma vinícola e fiquei interessado, porque aquilo me evocou as parábolas de Jesus a respeito da vinha. Eu queria me aprofundar; queria pisar em uma vinha, olhar a videira, a uva, o processo de produção do vinho. Recordei-me naquele momento do desenho da vinha que os espíritos pediram a Kardec que colocasse, logo na introdução de *O Livro dos Espíritos*, como símbolo do trabalho do Criador.

Na introdução da obra, Deus é apresentado como a inteligência suprema, a sabedoria infinita que preside a criação, que sustenta todos os fenômenos, a causa última, a causa primária. Aquela que tanto provoca acontecimentos, quanto permite acontecimentos, mas também o amor infinito que sustenta a criação. O amor que permite que a criação se mantenha, ao longo do tempo, em equilíbrio.

E como Cristo compara esse trabalho do Criador ao trabalho de um viticultor me tocou, e eu fui para a vinha. Andei por ela, e a mim pareceu, na ignorância de quem nunca lidou com o fenômeno, que a natureza é uma sucessão de fatos de renovação – a planta cresce, galhos novos surgem, brotos, folhas, flores, frutos. Os frutos são colhidos, e o processo se repete. E todo ano o processo se repete. É o poder de renovação da natureza, que por si só, representa uma lição grandiosa. Ela revela um poder inerente a cada um de nós: o poder de regenerar, de cicatrizar.

Você pode estar enfrentando dor e problema nesse momento, mas como é parte da criação divina, tenha absoluta convicção de que está dotado de força incomensurável de regeneração e renovação, muito superior aos poderes de uma videira, que é podada, sofre as intempéries do tempo, passa pelo processo da colheita, enfrenta pragas e recebe muitas vezes um remédio desagradável para se recuperar desse assédio das pragas, dos vermes, dos bichos. Essa vinha que é invadida pelas ervas daninhas que procuram sufocá-la, roubar dela o nutriente, ou tampá-la do sol e da chuva.

Saiba que você é parte da natureza e, portanto, compartilha com a videira desse poder que não pode ser medido pela inteligência humana. O poder da renovação.

Mas, inicialmente, eu imaginei que aquilo era uma sucessão, que a natureza se renovava, incansavelmente. Logo veio à minha mente um ditado chinês: "Nunca as mesmas flores, mas sempre a primavera". Espiritualistas do passado olharam para esse fenômeno e compreenderam que a natureza é um permanente processo de mudança. Contudo, viram apenas a mudança. Viram somente o fenômeno cíclico se repetir e deram diversos nomes a isso: mutação, transição sem fim. Não foram capazes de captar o elemento por trás do processo de transformação – o elemento definidor que sustenta toda essa mudança que nós observamos na natureza. Em um primeiro olhar, isso nos parece uma mudança sem fim, que sai de lugar algum e vai para lugar nenhum.

A vinha

E eu olhei para aquela vinha com esse pensamento ingênuo. Andava pelas vinhas, olhando, entusiasmado, lembrando e vivendo a experiência prática-objetiva da vinha, vendo os trabalhadores acordarem às 5 horas da manhã para cuidarem daquele plantio. Então aquele jovem enólogo, formado nas melhores escolas da Argentina, disse-me algo provocativo:

– Você sabia que a vinha reencarna?

– Vinha reencarna, que história é essa?

– Vou dar um exemplo. Você está olhando para essa videira, não está? Ela está dando uva, mas você não olhou para a raiz. O processo de cultivo da videira é assim: ela faz crescer os galhos, os cachos, a gente colhe e corta, porque se a videira não for podada, ela perde vitalidade.

E eu disse a ele que naquele momento estava me lembrando de uma questão de *O Livro dos Espíritos*, quando Kardec pergunta sobre a encarnação, e os espíritos dizem: "É necessário passar pelas vicissitudes da vida corporal". Por exemplo: nascer, envelhecer, adoecer e morrer. São podas. É a videira sendo cortada para ganhar vitalidade; não vitalidade exterior, do corpo físico, mas vitalidade interior. Riqueza da alma, riqueza do espírito.

Por sua vez, disse o rapaz:

— Nós podamos, tomamos nova muda e enxertamos na base. Quando você enxerta uma muda na base, a videira cresce com a experiência, não da muda, mas da base.

Eu pedi mais esclarecimento.

— Haroldo, existe uma diferença entre uma videira criança, jovem e experiente. A videira criança tem todas as características de uma criança; o tronco cresce desordenadamente e não obedece aos pedacinhos de pau que você coloca para poder guiar o crescimento. Ela é rebelde, dá muita folha, cresce para tudo quanto é lado; você tem de podar várias vezes, dá muita flor, mas dá pouca uva. Ela, por sua vez, fica jovem, mais disciplinada. Você coloca um pouquinho mais, coloca um guia para ela crescer... ela ainda desobedece um pouco, dá mais galhos, faz muito barulho, fala que sabe tudo, que não precisa dos pais, mas ainda não produz muito. E a vinha mais experiente, ela é centrada. Ela cresce, não dá muitos galhos, não dá muita folha, mas muito fruto, saboroso, uva de boa qualidade.

— Então, Haroldo, quando a gente enxerta uma muda em uma base que é mais experiente, mais velha, é mais fácil de cuidar dela, porque é mais obediente. Ela é mais resignada, responde melhor aos cuidados do viticultor. E é por isso que é impossível o Brasil competir com uma vinha na França, na Itália, porque uma vinha na França tem 400, 500 anos; a nossa vinha tem 80, 90, no máximo 100 anos. Assim, toda vez que eu corto a videira e enxerto um broto novo a vinha reencarna.

E esse é o processo humano. Quanto tempo tem a sua base? Cada encarnação é um enxerto. Você é o resultado de quantos enxertos? Será que você é um espírito jovem, rebelde, muita folha e nada de uva? Ou criança, muita flor, pouca uva? Ou na idade da maioridade, muitas uvas, mas não tão boas? Ou você é uma videira experimentada, dá uva de qualidade? E eu, diante daquela explicação, entendi que há algo por trás da mudança e da renovação.

Observemos o poder de renovação de uma videira. Você corta, deixa apenas um toco e ela volta a crescer, dar galhos, flores e frutos, e quanto mais você poda, mais vitalidade ela apresenta. Isso é extraordinário. Mas, há um elemento por trás disso.

***Toda renovação,
toda transformação da
natureza, tudo está conduzido
por um propósito divino.
Nada muda simplesmente
por mudar.***

Essa é grande lição da Doutrina Espírita: as coisas mudam para progredir. "Nascer, morrer, renascer ainda, progredir sempre. Tal é a lei".

Progredir sempre. Por conseguinte, não é uma mudança caótica sem direção, não é uma mudança pelo simples fato de mudar. Não imagine que o universo está mudando a cada segundo simplesmente porque Deus gosta de mudar a tela de descanso do computador dEle. Tudo evolui, tudo cresce, tudo se aprimora sob as vistas sábias e amorosas do Criador. O Criador é o olhar de cuidado que corrige, educa e direciona a criação infinita. Por isso, o símbolo da introdução de O Livro dos Espíritos é o desenho de um galho de videira – e os espíritos asseveram: "Eis aí o trabalho do Criador".

O vinho é o espírito, que, aliás, não é apenas uma metáfora. Kardec indaga os espíritos superiores, na questão 88: "O espírito tem forma determinada, limitada e constante?" Resposta: "Para vós não, para nós sim. Para vós não parece, para nós tem a forma de uma chama, de um fogo". "Tem cor? Tem a cor do rubi", esclarecem os espíritos.

A tonalidade rubi é a cor do vinho, que pode variar do opaco, do mais escuro, ao mais radiante. O bago, as folhas, representam o corpo.

Desse modo, o ser vai tomando corpos, experimentando mudança para progredir, aprimorar a sua essência espiritual. Há um propósito em toda essa impermanência. Essa é a contribuição da Doutrina Espírita para o pensamento espiritualista do orbe. Não há impermanência e mudança sem sentido, sem propósito ou direção. Tudo muda, tudo experimenta para se aperfeiçoar.

O amor transforma

Eu me recordo de um trecho da obra de André Luiz[50] em que Clarêncio atendia a um caso, segundo ele, insolúvel pelos instrumentos do intelecto. André Luiz acompanhava o atendimento.

De acordo com a narrativa, tratava-se de um pai que havia sido assassinado pelo filho adotivo. O rapaz foi acolhido; contudo, educado por padrões rígidos, característicos daquele pai embrutecido. Mas, o rapaz cresceu e se sentiu no direito de receber pelo trabalho prestado ao pai. Pai e filho não souberam se entender, e certo dia, no auge da discussão, o jovem o assassinou. Na condição de desencarnado, o pai adotivo se transformou no mais empedernido obsessor e perseguidor do jovem. Em análise do caso, Clarêncio salienta:

– Agora nós precisamos de um espírito que ama, porque a questão agora é de sentimento, não mais de intelecto.

---

50 Francisco C. Xavier/André Luiz. *No Mundo Maior*. FEB Editora.

Em seguida, surge Cipriana, um espírito tão evoluído que, pai e filho, ao olharem para ela, imediatamente a reverenciam, chamando-a Nossa Senhora, Maria de Nazaré. Ajoelharam-se e disseram:

– Mãe santíssima!

– Não, meu filho. Sou mãe, mas não santíssima. Sou tua irmã.

Junto aos dois espíritos, Cipriana inicia uma conversa com o espírito encarnado, enquanto o obsessor ao lado mostra-se visivelmente contrariado. Dirigindo-se, pois, a ele, Cipriana pergunta:

– Você foi assassinado? Então, venha cá que eu vou contar minha história. Eu vivia na Terra, casada, duas filhas, dois filhos. Meus dois filhos foram assassinados na guerra do Paraguai, minhas duas filhas foram para a prostituição. Eu adquiri lepra; meu marido, ao olhar para mim desfigurada e com lepra, foi embora. E eu que tinha um marido, um bom casamento, duas filhas, dois filhos, me vi sem os filhos, sem as filhas, sem o marido, com lepra e abandonada. E você está querendo falar de sofrimento comigo, filho? Você o condena por tê-lo assassinado. E você, no que se transformou nesses vinte anos? Velado pela postura de vítima, se transformou em um agressor pior do que ele.

E ela continuou firme na verdade que irradiava:

– Sofrimento? Eu sei o que é passar por desafiadoras vicissitudes da vida. Olhe para o poder renovador de Deus que existe em mim, filho. Passei por tudo isso, e você está dizendo que não pode passar porque foi ferido. Que não há mais caminho depois que nós somos feridos, é isso que você está tentando dizer? Quer dizer que eu caminho enquanto sou apoiado pelas pessoas que me amam; caso elas me abandonem, não tenho mais força para prosseguir, é isso? Eu faço bem enquanto sou aplaudido, mas se recebo críticas, sou perseguido, caluniado, difamado, eu não farei mais o bem, porque não acredito que exista o poder da renovação que me leva sempre adiante nas trilhas do progresso moral e intelectual, é isso que você está me dizendo?

O episódio se encerra com o obsessor vencido, não com palavras, mas sim com a força da vida e com o amor de Cipriana. E, de acordo com André Luiz, Cipriana toma, literalmente, o obsessor ao colo. E Clarêncio arremata:

– Observa, meu filho; se nós dois estivéssemos conversando com esse obsessor, nós o trataríamos feito irmão, mas um irmão estranho. Cipriana o trata como se ele fosse um filho de sangue. Trata-se do amor que converte, não convence. Essa é diferença, André Luiz.

Esse é o amor que transforma e redime.

E o recorte da história gera reflexão: será que a mãe daquele obsessor o teria amado tão intensamente quanto Cipriana o amou naquele momento? Talvez ele nunca tivesse experimentado amor de mãe naquela intensidade, tão pessoal, tão profundo. Então, ele cede e acompanha Cipriana. A par da lição de amor de Cipriana, nós temos outra grande lição: a de sermos dotados desse infinito poder renovador, regenerador.

Eu não sei que poda você está sofrendo agora, eu apenas sei dessa força que existe em você que, intimamente, é a própria presença de Deus em seu coração. Esse é o poder renovador.

Recentemente, em conversa com um frei amigo muito querido, ele salientou uma prática milenar, um problema no Cristianismo. Segundo ele, o Cristianismo cristalizou na celebração da morte, pois em vez de celebrar a vida, durante as missas, celebra-se a morte; todos os símbolos do Cristianismo apontam para a morte na cruz. A paixão de Cristo, a morte.

É uma lição grandiosa, não queremos aqui desmerecer a lição da cruz. Pelo contrário. E complementando o raciocínio, ele arrematou:

– Sabe o que está faltando na igreja? Celebrar o domingo de manhã. O túmulo vazio. Fale isso, meu filho, para seus amigos e amigas espíritas.

Que bela lição: nós precisamos celebrar o túmulo vazio, a ressurreição, o Cristo vivo. Celebrar o poder renovador de Deus, o poder que Deus tem de vivificar. Algumas vezes, nós falamos tanto de desencarnação e de vida no mundo espiritual e, às vezes, perdemos a fé no poder transformador, regenerador, vivificador de Deus.

Deus age dentro de nós e Ele nos dá o poder da regeneração. O poder que a videira tem de, mesmo podada, crescer, dar folha, dar flores e frutos. Isso é a força de Deus em nós. Todavia, existe também a força de Deus transcendente, a força de Deus agindo na criação infinita, através de pessoas e circunstâncias que impactam a nossa vida particular. No episódio do obsessor, narrado por André Luiz, essa força transcendente que se materializou, atendendo a determinações do próprio Criador, foi o amor de Cipriana.

Certa vez, eu recebi uma mensagem de uma pessoa, que dizia assim: *Haroldo, você me desculpe, não é nada pessoal, mas eu não queria ter sido criada por Deus. Quem te falou que eu quero viver? Não quero, você não está entendendo. Para desencarnar, eu vou ter que viver; isso fere o meu livre-arbítrio.*

Vamos refletir a respeito tomando por base a "poda". O que a maioria dos adolescentes falam para os pais? *Ah, mas essa casa é cheia de regras, vocês determinam.* Quando reencarnamos, nós encontramos a nossa casa formada, construída. Quando nós fomos criados, a casa de Deus já estava construída. E ao olharmos na perspectiva da poda, nos fixamos nos elementos que estão sendo cortados, extraídos, sem nos atermos ao processo. Retomando a obra de André Luiz –, na história da personagem Cipriana. Após contar sua triste trajetória, ela esclarece:

– Mas quando eu cheguei aqui e vi o que estava reservado para o meu espírito as belezas da esfera espiritual onde eu vivo hoje, a luz que emana de mim e os recursos espirituais que eu tenho eu cheguei a uma conclusão: sofri pouco, foi muito pouco. Se eu soubesse que o prêmio era esse, teria passado por isso mais rápido.

Focamos, pois, no que é o instrumento, no que é transitório, mas não no foco, nas finalidades. Aristóteles chamava de "enteléquia" a finalidade última de todas as coisas; o fim, não no sentido de final, mas no sentido do propósito, do rumo. Assim, vamos nos imaginar volitando, sem *check-in*, sem bagagem, sem conexão, nem escalas; volitando pelo mundo, em regiões do mundo espiritual onde a bondade reina, onde não há intriga, nem fofoca. Onde todos buscam a sabedoria, procuram auxiliar, compreender e amparar uns aos outros, entender a situação de cada um. Onde todos se perguntam: *Em que posso te ajudar? O que eu posso fazer?* Onde não há morte, nem envelhecimento; um local que permite, sem obstáculos, o desenvolvimento de seus potenciais de espírito imortal. E onde os seres que você ama estão ao seu lado, sem perspectiva de separação. Esse é o propósito.

Toda transformação, toda mudança, é para chegar a esse resultado.

O poder da renovação

Nós precisamos resgatar alguns elementos considerados fundamentais da proposta espírita. O primeiro elemento é que é o Consolador, porque a Doutrina Espírita possui princípios basilares que são a essência da verdadeira consolação, e um deles é a imortalidade da alma. Nós não somos habitantes do mundo corporal. É importante adotarmos essa perspectiva; quando viajamos para alguma cidade a passeio, sempre temos o *check-out* da volta. O problema é que era para termos apenas bagagem de mão; no entanto, estamos com excesso de bagagem. Independentemente das condições em que estejamos vivendo, toda essa vida corporal é precária e provisória.

O grande problema é que, à medida que a vida corporal avança, nós criamos expectativa, certo pensamento, de que estamos aqui residindo e que aqui é a nossa pátria, a nossa morada mas não é. É preciso trabalhar essa expectativa da vida imortal. Não podemos dizer que aqui estamos e que nos esquecemos da pátria espiritual, porque todo dia você dorme e volta para o lar, ou tem um contato com o lar. Todo dia estamos cercados de circunstâncias, fenômenos, interferências, de atuações do mundo espiritual sobre a vida corporal.

A questão é que estamos perdendo a sensibilidade em relação a essa interação com o mundo espiritual, especialmente neste momento de transição planetária assumindo temperatura máxima; esgotaram-se os elementos da religião e da espiritualidade puramente exterior. Eu tenho recebido depoimentos de várias pessoas que frequentam a igreja, a casa espírita, ou os templos, mas não estão encontrando a substância da consolação, da construção interior. E por quê? Porque angústia, aflição, sofrimento, dizem respeito ao interior, que pede algo mais substancial, mais denso.

O momento da transição planetária nos aponta para a carência humana desses valores e da compreensão de nossa imortalidade. Mas, a imortalidade que a Doutrina Espírita vem nos revelar, resgatando o Evangelho de Jesus, não é uma imortalidade qualquer.

Não somos simplesmente imortais, mas imortais em processo evolutivo de aprimoramento, destinados à felicidade plena e à plenitude do ser. É uma imortalidade qualificada.

É por isso que Jesus dizia: "Eu vim para que tenham vida e a tenham em abundância". Muitos se perguntam por que Jesus não falou abertamente sobre espírito, reencarnação. Porque a mensagem do Cristo não é simplesmente sobre desencarnar e chegar ao mundo espiritual. O mundo espiritual está repleto de espíritos deprimidos, angustiados, que acreditavam que, pelas portas do suicídio, resolveriam seus problemas. Entretanto, após o suicídio, vem a lamentável constatação – além da vida não acabar, os problemas anteriormente existentes, aqueles que o espírito levou ao desencarnar, somam-se aos problemas do mundo espiritual, devido ao ato do suicídio.

Vida plena não é não ter corpo. Vida plena é a vida interior que a mensagem do Cristo, libertadora, se propõe a construir. Por isso, é uma imortalidade qualificada.

Podemos entender melhor por que a imortalidade é qualificada, recordando *Nosso Lar,* em que André Luiz, após oito anos no umbral, chegou ao hospital e, ao olhar para o sol, falou:

– Que coisa é que está aí brilhando?

– Esse é o sol.

– O sol? Mas, é um sol diferente?

– André, esse é o mesmo sol que te iluminava na Terra.

– Eu nunca havia olhado para o sol dessa maneira.

De que maneira? Ele nunca tinha olhado para o sol com olhar do imortal. Ele sempre olhou para o sol e para as coisas com o olhar do mortal, de alguém que nem lembra que vai morrer. Atentemos para o desafio. Vida plena, não apenas imortalidade. Porque, às vezes, na ânsia de divulgar a Doutrina Espírita, acreditamos que as pessoas estão querendo ouvir somente sobre a desencarnação, mundo espiritual, mediunidade, comunicação; porém, isso sozinho não tira a angústia de ninguém.

Há elementos mais profundos na consolação, e é isso que nós gostaríamos de resgatar na essência consoladora da Doutrina Espírita. A lição fundamental é: há uma inteligência suprema e um amor infinito na direção da vida. Essa inteligência é incorpórea, imaterial. Cabe relembrar que de acordo com Emmanuel: "A providência divina não pode descer para errar com a criatura humana". Deus não é cúmplice de nossos erros, não existe coautoria. O que significa que, quando escolhemos o pior, no exercício de nosso livre-arbítrio, a escolha é nossa. Deus observa e respeita, mas não erra conosco. Ele mantém sua autoridade paterna para nos corrigir e nos resgatar. Isso é importante, porque todos os amigos espirituais, todas as potências espirituais, se mobilizam para que antes de tomarmos a decisão, pensemos na decisão que está sendo tomada. Uma vez tomada, o Criador permanece no amparo, no resguardo, na corrigenda, na educação. Deus espera, "no coração das alturas", como afirma Maria Dolores[51], porque Deus é o amor que está no topo, no auge da vibração espiritual da vida.

A fim de compreendermos a grandeza de Deus, tomemos por exemplo uma tempestade. Quando você está caminhando em meio a uma tempestade, experimenta todos os elementos pertinentes a essa tempestade. Contudo, se você estiver dentro de um avião e esse avião passar por todas as turbulências, atingindo uma altura que permita pairar acima das nuvens, você perceberá na vastidão um sol constante, uma luz constante.

A essência e a direção da vida são luz plena. A tempestade é próxima dos nossos pés, na nossa realidade; não nos esqueçamos disso. Nós, em meio à tempestade, olhamos para cima; Deus, em meio à bonança e à felicidade suprema sem mesclas, vela por nós. A inteligência suprema, que cuida de nós, tem a visão do todo, de toda a teia da movimentação humana, de todos os caminhos da perambulação humana.

É importante que tenhamos essa compreensão. Isso quer dizer que você pode até comover o Criador, mas você nunca vai surpreendê-Lo. O alcance da sa-

---

[51] Francisco C. Xavier/Maria Dolores. "Cantiga da Esperança" in *Antologia da Espiritualidade*. FEB Editora.

bedoria divina abarca todo o âmbito de nossa caminhada. Há um Criador velando por nós. Essa mensagem é a essência da mensagem de Jesus.

A vida de Jesus é um depoimento prático da comunhão dEle com Deus. Ele veio atestar: *Eu estou em comunhão com Deus*. Ele estava em comunhão com Deus quando multiplicou os pães, quando andou sobre as águas, curou os leprosos; também estava em comunhão com Deus na cruz. Em todas as circunstâncias, em todos os trâmites e reveses, Ele estava em plena comunhão com Deus. Esse é um ponto.

Outro aspecto que a Doutrina Espírita traz está na literatura sapiencial bíblica, na "Sabedoria de Salomão", *Provérbios*: "A sabedoria dos seres humanos é loucura para Deus".

Esse é o ponto. Porque a nossa inteligência limitada é similar à inteligência que está em um veículo; a inteligência de Deus é a que está em cima, vendo todo o território. Então, você acha que está tomando o melhor caminho, mas quem está vendo de cima percebe a loucura da sua decisão, o desatino da solução humana.

Por conseguinte, nós ostentamos uma autossuficiência como se fôssemos os artífices de tudo, capazes de gerir sem Deus. A maioria das pessoas faz prece quando o problema já está instaurado.

> *Quantas pessoas recorrem à prece antes de tomar uma decisão? Antes de fazer uma escolha? Poucas.*

Eu considero essa atitude como "oração sonrisal" ou "oração sal de fruta", aquela que se usa quando a indigestão já está consolidada. Está nos *Evangelhos de Marcos, de Lucas e Mateus*: "Os apóstolos acordaram, foram para o barco, Jesus já estava orando no monte". Eles acordavam e iam para a atividade, porque estavam no "piloto automático". E você, o que faz ao acordar? Jesus acordava e se dirigia ao monte para orar. Por quê? Ele era incapaz, não tinha discernimento, autocontrole? Não, Ele era o Cristo. Porque você só é verdadeiramente forte e grande se estiver em comunhão com Deus. Por essa razão, Ele acordava e orava, pedindo a Deus a condução e a inspiração para o dia. E a história registra a sua comovedora entrada em Jerusalém, antes de ser preso – Jesus orava no Jardim das Oliveiras.

Está nos *Evangelhos de Mateus e de Marcos* que Jesus, antes de ser preso, avisou muitas vezes que seria preso. Contudo, os únicos surpreendidos foram os apóstolos que tinham sido anteriormente avisados.

Importante destacar que Jesus, muitas vezes, é um espelho em que projetamos as nossas fraquezas. Há certos filmes que colocam Jesus chorando, assim: *Meu Deus, eu vou ser crucificado. Pai, afasta de mim esse cálice. Eu estou com tanto medo de morrer.* Por sua vez, quem produz tais filmes se esquece de conectar essa passagem com aquela em que Simão Pedro começa com choramingo: "Não, mestre, você não vai ser crucificado. Não, isso não vai acontecer". Jesus: "Afasta de mim". Ele chama a atenção de Pedro pela fragilidade, pela incompreensão e falta de confiança. Ao conectar, vemos que, na verdade, Cristo chorava por nós.

Naquele momento de sua crucificação, nós estávamos escrevendo a transição planetária de hoje. Estávamos semeando o suicídio, a loucura de hoje. Porque diante da humanidade, estava a possibilidade da regeneração e da transformação espiritual dos rumos evolutivos do planeta, e nós dispensamos.

Exemplifiquemos. Imagine a dor de uma avó, de um avô, de uma mãe, ou de um pai, quando vê o filho fazendo as escolhas menos acertadas ou colhendo plantio das piores escolhas. O que essa mãe, ou essa avó, pede? *Deus, por favor não permita que ele faça isso.* Há na minha lembrança uma cena muito dolorosa. Eu era o juiz da vara da infância e juventude, em uma comarca difícil no interior de Minas Gerais, e certo dia, chegou um jovem com a mãe em prantos:

– Doutor, pelo amor de Deus, ele está perdido, meu filho está perdido. Por favor, não prenda ele.

– Aqui não é uma prisão, é uma internação. O objetivo aqui é protegê-lo – eu respondi.

– Não deixe.

Eu a chamei em particular e disse:

– O seu filho está envolvido com as forças mais tenebrosas e sinistras desse mundo corporal. Qualquer um de nós pode cair nas garras dessas forças. Todos os dias, esse tráfico de entorpecentes mata. Eu vou internar seu filho.

O jovem permaneceu internado por quarenta e cinco dias. Vencido o prazo da internação, eu o soltei, mas com grande angústia. Uma semana e meia depois, ele foi encontrado morto.

Para entendermos a mensagem consoladora da Doutrina Espírita, vou ilustrar por meio de uma metáfora. Pense em Deus como uma avó. Pense em Deus como uma mãe. Deus está se derramando em amor em sua vida, mas você não está vendo. Sabe por quê? Porque está preocupado que a lei de causa e efeito aplicou uma internação de quarenta e cinco dias em você, que é a encarnação corporal.

Então, sinta esse Deus como um amor maternal, amor de avó, envolvendo a sua vida, guiando-o. Você pode pensar na angústia, olhar para ela, mas não se fixar. Porque ela chega, mas vai embora. O amor, por sua vez, é permanente.

*O amor não nos isenta
das experiências,
ele nos sustenta.*

Grave a palavra *sustenta*. Você vai passar por tudo que for necessário; contudo, estará sendo carregado nos braços de Deus.

O mundo ditoso
é um mundo dos
brandos; os mundos
superiores são
aqueles cujos
habitantes possuem
a mansuetude,
a docilidade e a
pureza de coração.

CAPÍTULO 12
BEM-AVENTURADOS OS **MANSOS** E **PACÍFICOS** PORQUE **ELES HERDARÃO** A **TERRA**

Em O *Evangelho Segundo Mateus*[52], há uma promessa de recompensa aos brandos e aos mansos - a

---

52 Mateus, 5:5.

promessa da Terra futura, do mundo vindouro. E nós, iluminados pelo conhecimento da Doutrina Espírita, sabemos que a Terra futura é ditosa, que irá se recuperar e se preparar em uma transição para o chamado mundo de regeneração.

O mundo ditoso é um mundo dos brandos; os mundos superiores são aqueles cujos habitantes possuem a mansuetude, a docilidade e a pureza de coração. Entretanto, em toda a história bíblica, nós veremos um contraponto muito curioso: tanto aqueles que não conheciam a mensagem espiritual e não estavam afinados com a revelação espiritual, quanto os religiosos, que conheciam intimamente os princípios do Cristianismo, pautaram suas vidas e suas condutas pela violência, pela força. Uma breve leitura do *Antigo Testamento* e da *História do Cristianismo* irá nos mostrar que mesmo os cristãos foram identificados pela violência de seus métodos.

Tão logo Jesus volta para a governadoria espiritual do orbe, os cristãos impunham a espada, esquecendo-se do conselho dado à Simão: "Embainha sua espada, porque aquele que com ferro fere, com ferro, será ferido". O Cristianismo se expandiu à força do poder político e da violência. Tivemos as cruzadas, a inquisição, a noite de São Bartolomeu, dentre outras atrocidades. Infelizmente, seguiu-se o mesmo processo espiritual e psíquico que escravizou todas as religiões do orbe, de modo que a bem-aventurança dos mansos e pacíficos ficou esquecida.

Emmanuel, no livro *Emmanuel*[53], faz uma referência a esses processos de violência, de truculência. E quem teve a oportunidade de examinar o romance *Renúncia* verá que a história se inicia com uma perseguição religiosa. É da perseguição religiosa que nasce a própria América, os Estados Unidos; e grande parte da América do Sul é composta, em suas origens, por corações que fugiam da intolerância, do fanatismo dos cristãos. Isso nos leva a refletir sobre a fé cega que os encarnados têm na violência, e não podemos alimentar tal ingenuidade.

> *A violência resolve rápido a maioria dos problemas. Resolve rápido, mal e por pouco tempo.*

A brandura e a paz representam um processo difícil de ser implementado, difícil de ser mantido, cujos resultados demoram muito para surtir efeito. É por isso que hoje, nos momentos de crise e, sobretudo, nos momentos de transição desses tempos, a primeira tendência dos encarnados é abandonar os processos

---
53 Francisco C. Xavier/Emmanuel. *Emmanuel*. FEB Editora.

de paz e aderir aos processos de violência. Porque eles são tudo o que a sociedade contemporânea espera para soluções rápidas, ainda que deficientes.

Nós vivemos o mundo da rapidez, da pressa. Queremos solucionar em um minuto questões que demandam séculos, adotando processos precipitados que não consideram o espírito de sequência da natureza. A natureza tem um espírito de sequência e respeita ciclos que são os círculos da própria vida, estabelecidos pelo Criador. Portanto, nós sempre identificamos o violento e aquele que detém o poder de intimidar e de impor como a pessoa mais apta a solucionar. É importante refletirmos a esse respeito.

É por esta razão que a mensagem de Jesus até hoje é profundamente amarga e indigesta, até mesmo para os cristãos. E muitos de nós tentamos fugir da má impressão que os Evangelhos nos causam quando mostram apóstolos temerosos, ansiosos e inseguros quanto à figura de Jesus. Por quê? Vamos fazer um paralelo.

O Brasil é o coração do mundo e a pátria do Evangelho. Que Jesus é esse? Que messias é esse que não veio acompanhado de um exército? Que messias é esse que não libertou o povo hebreu da opressão romana, por meio da espada, do sangue, que não assumiu o poder pela força? Será que de fato Ele é o messias? Talvez essa seja uma questão tão distante, ainda não refletida – a pátria do Evangelho repleta de desigualdade, de violência. Que Evangelho é esse? Por que essa nação não é o império da guerra dominadora e farta em riquezas materiais para dominar os demais povos e representar Jesus?

Se você analisar O Livro dos Espíritos, na questão 100, verá quais são as características dos espíritos imperfeitos. Eles são definidos por sua materialidade e predomínio dos instintos, das paixões físicas e da matéria sobre o espírito.

> *Isso significa que o espírito imperfeito é alguém possuído, não alguém que possui. O espírito imperfeito não tem o corpo, é o corpo que o tem.*

Ele não tem recursos materiais são os recursos materiais que o possuem, porque nele há predomínio da matéria sobre o espírito. E, retomando a referida obra, no último nível da escala das características dos espíritos, qual delas define os espíritos puros? Predomínio absoluto do espírito sobre a matéria. Eis a grande questão quando falamos dos mansos.

Em *Paulo e Estêvão*[54], quando Estêvão é preso e faz o seu discurso no Sinédrio, Saulo de Tarso o interroga: "Que messias é esse que você nos apresenta? Um enviado de Deus que não teve poder nem para se libertar, não teve força suficiente nem para descer da cruz. É essa criatura sem poder, sem força, que você quer que nós sigamos?" Ao ler atentamente a obra *Paulo e Estêvão*, você verá a resposta de Estêvão, na Casa do Caminho e no Sinédrio: "E o que esperava você? Um dominador que viesse numa biga capaz de tombar ao primeiro buraco da estrada?"

Observe a metáfora utilizada por Estêvão que podemos trazer para os nossos dias. O que nós, encarnados, vamos esperar? Um veículo poderoso que pode parar por falta de combustível? É isso o poder? O poder de um guerreiro que almoça agora e amanhã pode morrer de uma infecção intestinal? É esse o poder? De alguém que pode liderar um exército de milhares de pessoas e morrer por um infarto? De ser acometido por um vírus e vir a falecer?

A natureza da vida corporal é uma natureza de fragilidade. A marca da encarnação é a marca da fragilidade. Você está lendo este livro agora, e pode ser que daqui a duas horas, não esteja mais encarnado. Essa fragilidade da vida encarnada deveria ser sufi-

---

54 Francisco C. Xavier/Emmanuel. *Paulo e Estêvão*. FEB Editora.

ciente para percebermos que nenhum poder que emana da matéria se compara ao mais simples poder que emana do espírito. Por quê? Não importa a posição que você ocupe, não importam os títulos que ostente, as propriedades em seu nome, nem quantos soldados você comande – a única certeza é de que todos teremos um encontro inevitável com a morte.

A morte, no simbolismo bíblico, é um grande julgamento do encarnado. É o dia do juízo, o dia da aferição. É o dia em que todos nós entregaremos tudo que as mãos não podem carregar, e seremos avaliados por aquilo que o coração carrega. Portanto, a marca dos espíritos superiores é a afabilidade e a doçura. Por essa razão, o trabalho do Evangelho jamais foi um trabalho de convencer. Antes, o trabalho do Evangelho tem sido, desde o primeiro dia, de converter, de transformar.

A diferença do convencimento para a conversão concerne ao grau de comprometimento do espírito. Na conversão, o ser se torna absolutamente comprometido com a causa. Essa bem-aventurança aponta para os destinos futuros da Terra. Outro grande tema presente no *Novo Testamento* e que aparece nessa bem-aventurança: todos os brandos e pacíficos que foram trucidados e martirizados pela violência humana formam a grande caravana dos redimidos.

Nós, costumeiramente, pensamos em Allan Kardec tal qual um espírito apenas dotado de muita inteligência e bom senso, capaz de fazer uma obra educativa e de organizar o material da revelação. Porém não é apenas isso. Esse espírito compõe a caravana dos mártires redimidos, porque ele foi queimado vivo na encarnação como Jan Hus, sem perder a brandura e a mansuetude. E naquela história trágica, Jan Hus, amarrado e com os gravetos em torno de seu corpo, percebe uma senhora que caminhava com muita dificuldade e levava às mãos um graveto, vindo em sua direção. Era uma senhora cristã, que trazia um graveto para pôr fogo. Ela olha para ele com olhar de reprovação: *Está errado, temos que defender Jesus. Vamos queimá-lo*, e joga o graveto. E Jan Hus diz: "Santa ignorância".

Uma ignorância santa. Ele é queimado, mas retorna. Dessa vez em uma missão ainda maior; em uma missão de fé raciocinada, de libertação da alma, do fanatismo e da violência. Não há uma palavra, um gesto de violência na vida do codificador. Há somente gestos de firmeza. É um educador firme. O que é, é. O que não é, não é; mas não violência.

Basta uma leitura da obra *Viagens Espíritas*[55], para sabermos de que modo o codificador lidava com questões com que hoje o movimento espírita lida. Sempre vivendo a caridade.

---

55 Allan Kardec. *Viagens Espíritas,* em 1862.

Podemos questionar: quantos espíritos já se libertaram do fascínio da violência? Ou melhor, do fascínio dos métodos da violência? E compreenderam que o cosmos, a criação infinita são dirigidos pelo supremo poder? Isso seria suficiente para refletirmos: se a vida é dirigida pelo supremo poder, por que ele não resolve agora, e de uma vez por todas, os problemas? Será por falta de poder? Será que Deus é fraco? Assim, iluminados pelo conteúdo da revelação espiritual, podemos ampliar nosso raciocínio, e é o que gostaríamos de fazer neste capítulo.

Observemos o sistema solar. Quantos planetas de expiação e prova você está vendo no sistema solar? Quatro? Três? Não. Há apenas um no qual você está encarnado. Um dos sistemas solares mais próximos do nosso - aproximadamente a quarenta e dois anos-luz de distância, - e que é bem conhecido por todos nós, é o sistema de Capela, que ao passar pela transição planetária, há muito tempo, mandou muitas pessoas para a Terra.

Fazendo uma pequena conta, apenas na Via Láctea, nós temos, em um cálculo aproximado, no mínimo cem bilhões de planetas. Você acha realmente que a Terra representa um problema para Deus? Humberto de Campos[56] dará a chave para o entendimento a esse respeito:

---

56 Francisco C. Xavier/Irmão X. *Estante da Vida*. FEB Editora.

Deus usa o tempo, não a violência.

Podemos pensar: *Ah, mas o tempo demora*. Por isso que ele resolve. E todos os processos da natureza estão embasados no tempo. Acontece que nós precisamos discernir. Se você plantar alface hoje, comerá daqui a quinze dias. Se você plantar o café hoje, tomará a primeira xícara quando? No mínimo, cinco anos depois. Porque toda semente demanda tempo específico para frutificar. Ninguém sai da categoria de espírito imperfeito para a categoria de espírito superior, no susto. Há um tempo de amadurecimento. Há, inclusive, um tempo de saturação do espírito, que, às vezes, escolhe determinada experiência equivocada e permanece nessa experiência por dois, três, quatro mil anos, até que ele se cansa.

Se você analisar a obra *Libertação*[57], observará que, em certo segmento da narrativa, a personagem Matilde, aquele espírito que protege, dirige e que fora mãe de Gregório (extrato por nós analisado em capítulo anterior), pede ajuda ao benfeitor Clarêncio, dizendo assim: "Começo a perceber na alma do filho querido, sinais de tédio", considerando-se que Gregório estava no umbral fazia mais de setecentos anos.

---

57 Francisco C. Xavier/André Luiz. *Libertação*. FEB Editora.

Eu espero que você tenha tédio de umbral mais cedo! Vamos refletir: por que os processos de violência e do mal esgotam o espírito em médio e longo prazo? Simplesmente porque nós não fomos construídos para odiar, para permanecer magoados.

É por isso que o ódio, a mágoa, o ressentimento, adoecem psiquicamente o espírito. Pesquisadores no setor de oncologia já detectaram que muitos casos de câncer são fruto de mágoa, ressentimento. O que significa isso? Que nós não fomos projetados para o ódio, para o clima da inveja, da disputa, do despeito. Antes fomos projetados para o clima da cooperação, do respeito mútuo. Qualquer conduta contrária a essa verdade resulta em malefícios à nossa estrutura física e espiritual.

Nós somos construídos para a paz, mansuetude, brandura, afabilidade. Esse clima de amor mútuo nos alimenta. Você pode estar no ambiente de trabalho, abarrotado, mas se o clima estiver amável, dócil, afável, você trabalha quatorze horas e não sente. Em compensação, se estiver em um ambiente de inveja, de mágoa, você não consegue permanecer quinze minutos naquele local.

Os brandos percebem isso. Mas, afinal, por que estamos falando dessa maneira, dando esse exemplo e fazendo rodeios? Porque ninguém constrói brandura meramente por considerá-la bonita.

> *Você não se torna um espírito manso porque ignorou a violência. Não. Você se torna um espírito manso exatamente quando compreendeu a violência e os seus limites; quando compreendeu os malefícios que o clima da guerra, seja ela psíquica, emocional ou física, provoca na criatura e em toda uma comunidade.*

Não é por ingenuidade. Tanto que Emmanuel ensina por meio da mensagem "Mansos de coração", em *Escrínio de Luz*[58]: "O mestre, quando Jesus proclamou a felicidade dos mansos de coração, não se propunha decerto a exaltar a ociosidade, a hesitação e a fraqueza..." Porque nós confundimos brandura e mansuetude com fraqueza, ou com hesitação. Alguém inseguro, que não sabe o que decidir. "(...) O mestre desejava destacar as almas equilibradas, os homens

---
58 Francisco C. Xavier/Emmanuel. *Escrínio de luz*. Casa Editora O Clarim.

compreensivos e as criaturas de boa vontade que alcançando o valor do tempo, sabem plantar o bem e esperar-lhe a colheita, sem desespero e sem violência".

Nas obras de André Luiz, a todo momento, os benfeitores dizem: "André, auxiliou? Então, passa. Auxilia e passa. Não fique aqui aguardando resultados. Ajuda e passa"; como se fosse uma marca psicológica. Porque, se você planta o bem, mas permanece no mesmo lugar aguardando ansiosamente o fruto, você perde o próprio equilíbrio. E acreditem, o manso, o brando, é alguém que vive em paz em meio à truculência e violência. Tomemos por exemplo Mahatma Gandhi, Martin Luther King, Desmond Tutu. Esses homens enfrentaram as situações mais difíceis em seus países. Situações em que os homens de poder perderam completamente o bom senso e se entregaram à truculência. Lembremos aquela famosa cena de Gandhi, que ao andar pelas ruas, foi agredido por um soldado que lhe desferiu três socos no rosto. E a cada golpe, Gandhi se levantava do chão e passava a mão no rosto, sem esboçar a mínima reação. E o soldado questionou:

– Quem te ensinou a ser esse covarde?

– Esse homem que está no crucifixo do seu pescoço – respondeu Gandhi.

Mas, aquilo foi dito com uma força magnética espiritual tão grande, que o soldado começou a chorar. Era forte. Um homem que trazia um crucifixo pendurado ao pescoço, dando soco em alguém que não reagia. Mas essa é a estupidez da violência; esse é o disparate da violência. E a postura de Gandhi é a lógica da paz, sem nenhuma rebelião.

Eu tive a oportunidade de fazer uma palestra ao lado do neto de Mahatma Gandhi, em Brasília, e a palestra era "Bem-aventurados os mansos, porque eles herdarão a Terra". E ele ficou observando porque não conhecia o Espiritismo. Em seguida, a fala era dele. Ele agradeceu e me perguntou se poderia contar um caso sobre o seu avô, baseado no que eu havia falado. Eu, superfeliz, aquiesci.

– Nós éramos crianças. Meus pais visitavam a casa do meu avô Gandhi, da minha avó, e como toda criança, a gente fazia coisas que não deveria. Certa ocasião, eu fiz o que não deveria; então, o vovô Gandhi disse assim:

– Meu neto, se você fez isso significa que eu não fui capaz de transmitir a você os valores da paz e os valores da educação.

– E qual foi o castigo? – eu perguntei.

– Vovô disse: *Eu vou aplicar em mim um castigo. Vou ficar quinze dias sem comer, por não ter conseguido, meu neto, transmitir a você os valores da paz.*

E o neto, por amar o avô, toda vez que começava a comer, sabendo que o avô não estava se alimentando, sentia vergonha do que havia feito. Mas, passada uma semana:

– Vô, por favor volte a comer. Eu prometo que nunca mais vou fazer isso.

Há outro caso bastante interessante a respeito de Gandhi. Certa vez, uma mulher procurou Gandhi a fim de pedir uma orientação. Entrou, juntamente com o filho, em uma fila imensa, e uma hora e meia depois, na frente de Gandhi, falou:

– Gandhi, eu queria pedir uma ajuda. Meu filho come açúcar demais.

Gandhi olhou para a criança, olhou para a mãe e pediu que voltasse na semana seguinte.

Após uma semana, a mãe estava de volta à fila. Em sua vez:

– Gandhi, você se lembra de mim? Semana passada eu estive aqui, meu menino come muito açúcar.

Ele olhou para o menino:

– Menino, pare de comer açúcar.

A mulher, sem entender, questionou:

– Mas, só isso? O senhor mandou esperar uma semana para chegar aqui e falar a ele que pare de comer açúcar? Por que não falou da primeira vez?

– Porque no dia em que você esteve aqui, eu comia muito açúcar.

Ele, Gandhi, comia muito açúcar. Pediu uma semana para deixar de comer, para depois, com autoridade moral, poder transmitir o ensinamento.

> *O manso não é o fraco.*
> *O manso é o forte que*
> *entendeu que tudo tem um*
> *tempo. O manso de coração é*
> *o que percebeu que a vida tem*
> *uma lógica e um tempo para*
> *se manifestar.*

Você demorou de sete a nove meses para encarnar, e depois que encarnou, sete anos para consolidar a ligação do corpo com o espírito. Tudo demanda um tempo. Não é porque você chega no supermercado e compra o queijo, que o queijo passou a existir naquela hora. Alguém demorou muito tempo para produzi-lo, e alguém transportou até chegar a você. Ainda assim, nós vivemos em uma sociedade que acredita que tudo pode ser resolvido em um minuto. Afinal de contas, eu entro na internet e peço, e tudo se resolve. Não na vida espiritual.

O livro *Antologia da Espiritualidade*[59] traz uma mensagem denominada "Cantiga da Esperança". De acordo com a minha leitura, seu conteúdo responde a uma pergunta, pois tenho certeza de que você já fez essa pergunta, principalmente quando briga com

---

59 Francisco C. Xavier/Espíritos Diversos. *Antologia da espiritualidade*. FEB Editora.

Deus: *Será que Deus não tem poder de mudar imediatamente as coisas?* Caso tenha feito essa pergunta, transcrevo abaixo o referido poema, ou melhor, a referida cantiga. "Cantiga da Esperança", pelo espírito Maria Dolores:

> Alma querida,
> Por mais que o mundo te atormente
> A fé simples e boa,
> Por mais te lance gelo na alma crente,
> Na sombra que atraiçoa,
> Alma sincera,
> Escuta!...
> Sofre, tolera, aprende, aperfeiçoa,
> Porque de esfera a esfera,
> Ninguém consegue a palma da vitória,
> Sem apoio na luta.
>
> Espera, que a esperança é a luz do mundo,
> Oculta maravilha,
> Que, em toda a parte, se revela e brilha
> Para a glória do amor.
> A noite espera o dia, a flor o fruto,
> O espinho a rosa, o mármore o buril,
> O próprio solo bruto
> Espera o lavrador
> Armado de atenção, arado e zelo...

O verme espera o sol para aquecê-lo.

A fonte amiga que se desentranha
Do coração de pedra da montanha,
Enquanto serve, passa e se incorpora
Aos encargos do rio que a devora,
E espera descansar,
Quando chegue escondida
A paz da grande vida
Que há no seio do mar.

Seja o que for
Que venhas a sofrer,
Abraça o lema regenerador
Do perdão por dever.

Leva pacientemente o fardo que te leva,
Entre o rugir do vento e o praguejar da treva...
Abençoa em caminho
Os açoites das angústias em torvo redemoinho;
Onde não passas, coração
E segue sem parar,
Amando, restaurando, redimindo...

Edificando, em suma,
Não te revoltes contra coisa alguma!...

Ao vir a tarde mansa,
Na doce quietação crepuscular,
Quando a graça do corpo tomba e finda,
Verás como foi alta, nobre e linda
A ventura de esperar.

E, enquanto a noite avança
Para dar-te as visões de uma alvorada nova,
Nas asas da esperança,
Bendirás a amargura, a dor e a prova,
Agradecendo a Terra a bênção de entendê-las.
Subirás, subirás
Para o ninho da luz nas estâncias da paz,
Que te aguarda, tecido em radiações de estrelas!...

Então, compreenderás
Que, além do mais além,
No coração da altura,
Deus trabalha, Deus sonha, Deus procura,
Deus espera também!

Todos nós
sabemos o
que é viver bem;
pouquíssimos
querem viver
o bem.

CAPÍTULO 13

O HOMEM DE BEM

A dor iguala todos os seres humanos. Não importa o seu partido político, não importa para que time de futebol você torce, não importa a sua orientação sexual, seu gênero, sua classe econômica. Dor é dor. Assim, perder um filho dói, independentemente se você for espírita, católico, evangélico, muçulmano, umbandista, do candomblé, judeu, chinês, taoísta, budista. Toda vez que você estiver pensando no outro, acreditando ser ele muito diferente de você ou que ele não merece o seu respeito, pense em uma infecção intestinal. A dor iguala todos os seres humanos.

Contudo, há apenas um detalhe na dor: eu sinto somente a minha. Desse modo, se alguém agride uma pessoa, é ela quem vai sentir. Poderá existir a dor reflexa; se quem estiver sofrendo for alguém que eu amo, eu vou sentir dor moral. A reencarnação tem um mecanismo maravilhoso - ela inverte o lado. Hoje é você a agredir, amanhã será você o agredido. E qual o nome disso? Expiação.

De acordo com O *Céu e o Inferno*[60], no item "Código penal da vida futura", toda vez que você comete um erro e fere alguém, há três elementos: arrependimento, reparação e expiação. Mas, se eu já me arrependi, já reparei, o que é expiar?

Expiar é assumir o lugar do outro.

Trata-se de processos educativos da vida. E por que nós entramos nesses duros processos educativos? Vamos relembrar o ensinamento de Jesus no episódio em que Simão Pedro cortou a orelha do soldado mau. "Embainha tua espada, porque aquele que com ferro fere, com ferro, será ferido. Você acaba de perder uma orelha".

Por isso que a primeira regra do ser humano moralmente integral é: antes de fazer algo, pense, se co-

---

60 Allan Kardec. *O Céu e o Inferno*. FEB Editora.

loque no lugar. Você gostaria que fizessem o mesmo com você? Esse é princípio *chung*. O que é o *chung*? Traduzindo para o português: dê o seu melhor.

O ser humano moralmente íntegro é aquele que faz o seu melhor. O melhor ao alcance dele. Confúcio dizia que atingir esse padrão é simples. Então, o que eu espero? Espero, em um momento de dor, ser auxiliado; espero compreensão do outro, espero ser tratado com dignidade, e que a pessoa que estiver me atendendo faça o seu melhor para me ajudar a aliviar a dor. Esse é o *chung*.

E o que aconteceria com o mundo se todos os seres humanos agissem assim? Teríamos um mundo ditoso, regenerado, onde todos dariam o seu melhor, se colocando no lugar do outro.

Todos nós sabemos o que é viver bem; todo mundo quer viver bem, cada um à sua maneira. Entretanto, pouquíssimos querem viver o bem. Qualquer pessoa busca o conforto, o que é agradável, o bem-estar; e isso já aprendemos ao longo de séculos e séculos de evolução no reino vegetal e no reino animal. Nós somos hábeis em buscar o agradável. Todavia, o que nós temos de aprender é buscar o bem.

É importante salientar, no entanto, que você pode ser um médico com Ph.D., por exemplo, sem ser necessariamente uma pessoa boa. Você pode ser uma autoridade no executivo, no legislativo, no judiciário; pode ser um empreendedor, um empresário, gerar riqueza. Mas você é uma pessoa boa? Você vive o bem? O espírita, o evangélico, o católico podem, igualmente, ser pessoas boas ou más, independentemente da religião ou filosofia que abraçam.

Mas, retomemos o episódio do soldado que agrediu Gandhi. Ele era uma pessoa má, violenta, covarde; no entanto, cristão. Exemplifiquemos: qual é o objetivo do Espiritismo? Converter as pessoas em espíritas? Não, porque há espírita que é boa pessoa, do mesmo modo que há espírita de má índole. O objetivo do Espiritismo é a formação do ser humano de bem, não é o ser humano que vive bem, mas o ser humano que vive o bem. Mas, afinal, qual é sua profissão, sua orientação sexual, seu partido político? Não importa.

Há um recorte na história de vida de Chico Xavier bem ilustrativo para este momento. Chegou a ele uma mulher para se aconselhar, alegando grande angústia por causa do marido. Antes, porém, elencou todas as qualidades do esposo, para, finalmente, salientar o seu maior defeito: *Ele não é espírita, Chico.*

Chico respondeu: *Se ele é um bom marido, bom pai, bom profissional, bom cidadão, ele não precisa do Espiritismo, minha filha.* Quem precisava então do Espiritismo? Ela. Desse modo, o objetivo do Espiritismo é tão somente a formação do ser humano de bem, a nossa transformação em uma pessoa boa.

O fato de habitar um corpo humano, por si só, não o faz ser uma pessoa boa. Porque há muitas pessoas que andam feito seres humano, falam feito seres humanos, se vestem tais quais seres humanos; no entanto, os hábitos são primitivos, a sensibilidade é primitiva. Por conseguinte, ao colocarmos esse espírito em um corpo de primata do início da evolução, tipo o *Homo sapiens,* lá do início das cavernas, compreendemos o que é o degredo[61].

Degredo significa que cada um vai receber o corpo adequado ao seu coração. Está em Kardec, na questão 1019 de *O Livro dos Espíritos*: "Os Espíritos dos maus, que a morte vai ceifando dia a dia, e todos os que tentem deter a marcha das coisas serão daí excluídos, pois que viriam a estar deslocados entre os homens de bem, cuja felicidade perturbariam. Irão para mundos novos, menos adiantados, desempenhar missões penosas, trabalhando pelo seu próprio adiantamento, ao mesmo tempo que trabalharão pelo de seus irmãos ainda mais atrasados".

Agora eu gostaria de salientar algumas características do ser humano de bem, do ser humano que realmente ama o bem.

---

61 Na obra *A Caminho da Luz,* Emmanuel esclarece que Capela passou de mundo de provas e expiações para mundo de regeneração, e os espíritos que não estavam acompanhando a evolução do planeta foram exilados para o planeta Terra, dando origem aqui às grandes civilizações.

> *O ser humano de bem é alguém que quer viver o bem. Ser um religioso é um instrumento.*

Características do homem de bem

Como é que eu sei que eu sou do bem? Que eu amo o bem, que eu amo viver o bem? Viver o bem é relação, interação. Há, portanto, três interações. Três relações.

A primeira, a mais fundamental e a mais primordial é a relação que vai moldar todas as demais relações de sua vida - é a sua relação com Deus. Conforme vimos, a nossa relação com Deus determina todas as nossas demais relações, inclusive a relação conosco. A primeira é a relação com Deus, a segunda é a relação de você consigo mesmo. Mas, há uma relação entre você e as suas vozes, entre as suas múltiplas personalidades? Sim. E é por isso que sentimos baixa autoestima. Você já sentiu baixa autoestima? Quando você entra e fala assim: *Nossa, mas essa festa era social completo, eu vim de calça jeans*. Você já não sentiu isso? Você pensando em você, em suas características. É por isso que sentimos tristeza, perdemos às vezes a vontade de viver. É a minha relação comigo. E há também a minha relação com o outro.

Relação com Deus, relação comigo, relação com o outro. As características do ser humano de bem estão associadas a esses três blocos. Vamos recordar a nossa relação com Deus. Quase todos os espíritos encarnados na Terra têm problema no relacionamento com Deus. Esse problema varia de forma, mas na essência, ele é único. É o nosso afastamento de Deus. Isso está representado na "Parábola dos dois filhos", que todo mundo chama de filho pródigo. Há dois filhos, porém, nos lembramos apenas do filho pródigo; mas há o filho egoísta. Os dois estão afastados do Pai, cada um à sua maneira.

Assim, nessa questão da relação com Deus, existe a revolta. *Por que eu estou aqui? Por que comigo? O que é que eu fiz para merecer?* Há outros, cujo cerne da relação com Deus é a teimosia: *Não vou, não quero, não me peça.* Considerando-se que a nossa relação com Deus é a principal e estrutural, o elemento predominante, é natural a transferência para todas as nossas relações.

O primeiro bloco de virtudes do ser humano de bem é composto pela relação equilibrada, uma relação rica com Deus. A pessoa ama Deus e confia em Deus. Isso é muito difícil. Trata-se de uma relação muito sutil e complexa.

Quando Jesus veio, estabeleceu novo padrão do ser humano moralmente integral. Você se lembra de que tem o gene da divindade? Logo, se fizer um teste de DNA, o Pai é Deus. Para onde você está indo, então? Está indo para expressar um conjunto de características, que são as características do ser humano de bem, no sentido de espécie humana.

O homem de bem, o ser humano de bem, tem características que eu vou resumir em três blocos. Ao entender a lógica dos blocos, ficará fácil entender a mesma lógica seguida por Kardec na mensagem "O homem de bem", de *O Evangelho Segundo o Espiritismo*, no capítulo "Sede perfeitos".

Quando abordamos a respeito de fé, salientamos que não significa acreditar ou não acreditar em Deus.

Acreditar ou não acreditar, qual é a diferença que faz? Nenhuma. A pessoa fala:

– Não acredito nesse negócio de vida após a morte.

Aí morre. Chega no mundo espiritual e fala:

– Eu não acredito nessa bobagem de vida após a morte, esse negócio de espírito é bobagem.

Fé, na verdade, é confiar. Você confia? Você confia que está no lugar certo? Que está com as pessoas certas? Que as circunstâncias alheias à sua vontade são as melhores para você no momento? Então, você entendeu.

Exemplifiquemos a nossa reflexão com uma narrativa de *Lindos Casos de Chico Xavier*[62]. Chico atendia pessoas em uma fila enorme. Quando uma pessoa

---

62 Ramiro Gama. *Lindos Casos de Chico Xavier*. LAKE Editora.

que aguardava na fila para falar com Chico, havia uma hora e meia, se aproximou, sacou uma arma, apontou para Chico e disse:

– Eu vim te matar!

Sabe o que Chico disse?

– Seja feita a vontade de Deus.

Portanto, o ser humano de bem é alguém que resolveu a questão da relação dele com Deus.

Em seguida, vem a relação consigo, os aspectos que você precisa se proporcionar. Inicialmente, pergunto: na sua opinião, qual enxada estraga mais, a que está parada ou a que está sendo usada? Por incrível que pareça, é a que está parada. Você já observou uma enxada que está sendo usada? O cabo é liso, brilhante, porque a mão fica tocando, encostando toda hora. Porém, o cabo de uma enxada parada há seis meses, por exemplo, apresenta sinais de apodrecimento, e a ferramenta propriamente dita, feita de ferro, começa a dar sinais de ferrugem.

Assim, deixa eu dizer uma verdade - existe uma lei chamada *lei do trabalho*. Em sua relação com você, faça coisas úteis para si e para os outros, porque não fazer nada enferruja mais do que trabalhar.

Aprenda a gostar de você. Por quê? Porque amar ao próximo como a si mesmo exige que você goste primeiramente de si mesmo. Aprenda a se gostar, a respeitar suas limitações, para depois respeitar a limitação do outro. Você diz: *Nossa, ele é tão doidinho. Mas, eu também sou tão maluco. Ah! Tá bom.*

Nessa relação com você, aprenda a se dar momentos de alegria, a se dar momentos de trabalho, de ocupação útil, porque "cabeça vazia, o diabo faz tricô", como dizia minha avó. E para evitar que o diabo faça tricô em sua mente, eu sugiro uma técnica que aprendi há muito tempo com um dirigente espírita. Trata-se de uma técnica contra obsessão, chamada "Esgotamento do obsessor". O obsessor fica tão irritado, que ele vai embora. A técnica consiste no seguinte: bastante leitura de obra edificante - obsessor detesta: *Lá vai ele ler André Luiz de novo, que coisa chata! Não suporto essa obra de André Luiz.* Ouça, assista a muita palestra edificante: *Nossa! Palestra de Haroldo Dutra Dias de novo, eu não aguento a voz desse sujeito.*

Nesse momento em que o obsessor já está irritado, comece a visitar doentes nos hospitais, a visitar crianças nos abrigos, a cuidar de velhinhos desamparados, a trabalhar no movimento espírita. O obsessor vai se sentindo angustiado. Pela manhã, ao acordar, faça uma prece, faça uma leitura de cinco minutos e, antes de dormir, à noite, leia mais um pouco. Você pode ter certeza de que o obsessor ficará estressado e irá embora.

Dê-se oportunidades de experimentar o bem de formas novas e diferentes. Quando Chico se sentia esgotado, Emmanuel se apresentava e dizia:

– Chico, está na hora de recarregar as baterias.

Para onde Emmanuel levava Chico? Para os bairros mais carentes, para atender as pessoas em sofrimento.

Outro dia, cansado após uma viagem muito longa, recebi um depoimento de uma moça, que mandou um vídeo. Ela estava respirando com ajuda de aparelho, uma situação muito grave. No vídeo, ela dizia que não poderia comparecer ao evento, mas que estaria vibrando, e pediu orações por ela. O meu cansaço foi embora na mesma hora. Eu me levantei e falei: *Meu Deus, o que é isso?* E a moça ainda complementou no vídeo: *Eu não sei se eu vou sair mais daqui.*

Por isso, quando você faz caridade, não é aos outros que você ajuda, mas se dá o maior presente de sua vida. Procure ocupação útil, vá correr, fazer exercício. Isso faz parte da relação com você.

Cabe relembrar também nossa relação com o outro. Não importa o quanto a pessoa o ame, ela pode feri-lo. Então, perdoe. Se você não for capaz de perdoar, não será capaz de se relacionar com ninguém, porque mais cedo ou mais tarde, não importa quem seja a pessoa, ela pode feri-lo. Por que ela quer? Não. Às vezes faz sem querer. Perdoe.

Segundo elemento, que está no capítulo "Sede perfeitos", em O Evangelho Segundo o Espiritismo: você já viu espírito puro fazendo palestra? Se estamos encarnados, estamos em processo de aprimoramento. Está em O Livro dos Espíritos: "O que se torna o espírito na sua última encarnação? Espírito puro". Você está encarnado? Trata-se de uma lógica matemática – se na última encarnação, você se torna espírito puro, e você está encarnado – logo, você está em aprimoramento.

Seu esposo está encarnado? Sua esposa está encarnada? Seus filhos, sua sogra, sogro? Isso significa que estão todos em aprimoramento. Como me relacionar bem? Indulgência, porque a turma que está encarnada é imperfeita.

Indulgência significa não focar na imperfeição. Indulgência é isso; eu olho a pessoa e falo: *É duro, são defeitos que ninguém aguenta, mas está encarnado, fazer o quê?*

E o terceiro aspecto, para finalizar – benevolência para com todos.

Ah! Mas, ele não é do meu partido!
Benevolência para com todos.

Mas, ele não torce para o meu time!
Benevolência para com todos.

Ah! Mas, a orientação sexual dele é outra.
Benevolência para com todos.

Benevolência para com todos. Indulgência para com as imperfeições. Perdão das ofensas. Esses são os três pilares da relação com Deus, relação comigo, relação com o outro. Se você equilibrou isso e se você está no caminho, bem-vindo à formação do ser humano de bem.

Quem nasce
com a missão
é predestinado e
tem conhecimento
dessa missão?

CAPÍTULO 14

PÁTRIA DO EVANGELHO E TRANSIÇÃO PLANETÁRIA

Falaremos sobre uma das obras mais atacadas e polêmicas da psicografia de Francisco Cândido Xavier. Não apenas pelo conteúdo espiritual que ela traz referente à revelação, mas, sobretudo, pela forma com que o seu autor espiritual narrou os fatos históricos da formação de nosso país ao sabor de seu talento artístico e ao sabor de seu olhar de cronista, contista e literato.

Antes, porém, vamos a um contexto histórico. A obra *Brasil, Coração do Mundo, Pátria do Evangelho*[63] foi publicada em 1938, período em que as nações mais educadas do planeta e economicamente mais bem aquinhoadas se preparavam para um conflito sem precedentes na história da humanidade. A obra foi publicada no limiar, nos portais da Segunda Guerra Mundial.

A nação alemã, extremamente culta e valiosa, meticulosa e trabalhadora; um povo dado à ordem, ao intelecto, ao esforço, iniciaria um processo que mergulharia o mundo na mais dolorosa treva. Vivendo os reflexos da também desastrosa Primeira Guerra Mundial, o mundo assistiria atônito à ascensão de Hitler e do regime nazista a espalhar dor, lágrima e sangue ao redor de seus passos. Paris, a capital luz, aquela que abrigou um conjunto imenso de missionários que contribuíram enormemente para a evolução intelectual do planeta, seria invadida por tropas do exército nazista.

Nações civilizadas conheceriam a fome e armas de destruição em massa jamais vistas, incluindo a arma

---
63 Francisco C. Xavier/Humberto de Campos. *Brasil, Coração do Mundo, Pátria do Evangelho*. FEB Editora.

nuclear. E ao lado dos lares extremamente civilizados da Alemanha, com suas universidades famosas e construções, famílias judaicas seriam arrancadas e levadas para campos de concentração, onde crianças, mulheres e velhos seriam assassinados em regime de crueldade indescritível. Milhões de pessoas colocadas em vagões, levadas para campos de concentração, onde o esporte predileto de soldados e generais era atirar em crianças, mulheres e velhos.

Sua rotina consistia em acordar, tomar café, mirar suas armas e matar o maior número de pessoas, antes de começar o seu dia. Químicos, físicos, eram chamados a construir preciosas câmaras de gás venenoso; intelectuais da sociologia e da economia eram convocados para defender e divulgar o regime nazista. E, diante desse quadro pavoroso, nações supercivilizadas do planeta silenciaram, sabendo do assassinato coletivo do holocausto e das barbaridades do regime nazista.

O mundo civilizado calou a sua voz e, em um processo de omissão internacional, nunca antes presenciado, compactuou com os crimes de Hitler, até que a sanha nazista ultrapassasse as fronteiras da Alemanha porque há algo extremamente curioso com a injustiça: se você tolera a injustiça com seu vizinho, um dia a injustiça bate à porta de sua casa.

Hoje, é um fato injusto que acontece com um estranho e eu me calo. Amanhã, o estranho está mais perto de mim; até que um dia, o estranho sou eu.

Foi exatamente o que ocorreu. A injustiça perpetrada pelo regime nazista ultrapassou as fronteiras da Alemanha, ganhando a Europa e mergulhando em parte da América, em um conflito sem precedentes. Enquanto esse conflito estava prestes a se concretizar, o mundo espiritual ditava, pelas mãos de Francisco Cândido Xavier, *Brasil, Coração do Mundo, Pátria do Evangelho*.

E eu gostaria que você pensasse nisso, porque a primeira impressão que temos ao falarmos da missão coletiva de um povo, passados mais de oitenta anos da publicação da obra, é de que esse livro é uma promessa de prosperidade econômica para o Brasil. Uma promessa de Jesus aos brasileiros, dizendo assim: *Brasil, Deus é brasileiro. Vocês não vão ter nenhum problema financeiro. Eu, Jesus, vou tirar todos os políticos desonestos do Brasil. Não haverá desigualdade; será uma nação com a maior renda per capita do planeta, o maior IDH do mundo. Territórios vastíssimos, rios, mar, peixes, frutas abundantes, nada de dor e nem de sacrifício. Escolas maravilhosas e intelectuais soberbos. O Brasil será uma grande senhora do Evangelho; uma grande dama vestida de púrpura a desfilar pelo mundo, cantando a glória do Evangelho e evangelizando as demais nações do mundo.* Esse é o nosso imaginário.

Entretanto, se esse fosse o propósito espiritual do Brasil, por que não foi entregue à Alemanha? Naquela época, a Alemanha possuía muito maior número de universidades, muito mais do que nós - não apenas em número, mas em qualidade. Além disso, o estágio civilizatório, em que se encontravam França, Inglaterra e demais países da Europa, era de séculos à frente do Brasil. Eles já tinham resolvido problemas que estamos pensando hoje. Os museus, os espaços culturais, a produção agrícola, a produção econômica de modo geral, a estrutura urbana de suas cidades, estavam no mínimo quinhentos anos à frente do Brasil.

Estamos falando em missão coletiva. Mas, afinal, o que é uma missão?

O que é missão?

À luz da Doutrina Espírita, na questão 576 de *O Livro dos Espíritos,* Kardec pergunta: "Foram predestinados a isso, antes de nascerem, os homens que trazem uma importante missão e dela têm conhecimento?" Ou seja, quem nasce com a missão é predestinado e tem conhecimento dessa missão? Vejamos o que os espíritos respondem:

"Algumas vezes, assim é". Algumas vezes um missionário está predestinado a essa missão, e ele tem conhecimento.

"(...) Quase sempre, porém, o ignoram. (...) Muitas vezes, o próprio missionário não sabe direito qual é a missão dele, ele tem vaga ideia".

"(...) Depois do nascimento e de acordo com as circunstâncias, é que suas missões se lhes desenham às vistas. (...) Deus os impele para a senda onde devem excetuar-lhe os desígnios".

Nós temos uma visão de missão – a missão que já vem completa. Todavia, a ideia de missão de que trata Kardec é diferente. Você acredita que nasceu para ser um astronauta, porém, as circunstâncias da vida vão encaminhando-o, por exemplo, para a área da educação. E sem que você perceba envolve-se nas questões educacionais e, aos poucos, vai se configurando um caminho. Após cinquenta anos, poderemos ter alguém igual a Paulo Freire.

Geralmente, a pessoa tem um objetivo e segue outro caminho. É como se Deus falasse: *É para cá, é para cá*. Até que você percebe. *Eu acho que nasci para fazer isso mesmo*, e você se integra e dá o cumprimento de algo distinto do que veio fazer. Atentemos, agora, à questão 573, de *O Livro dos Espíritos*: "Em que consiste a missão dos espíritos encarnados?"

Façamos uma distinção: existe missão de espírito desencarnado e existe missão de espírito encarnado. Em verdade, missão é uma incumbência; não é uma medalha, nem uma condecoração. Você recebe condecoração somente depois de cumprir a missão. Então, imaginemos que missão seja a medalha de ouro na olimpíada. Em uma corrida de cento e cinquenta metros, ganhará a medalha de ouro somente quem completar a corrida e chegar primeiro - porque a lógica da prova de corrida de cento e cinquenta metros é ganhar quem chega primeiro.

Missão é encargo. Contudo, nós, viciados no mundo material - porque o mundo material é repleto de privilégios - temos qual mentalidade? Nós imaginamos que missionário seja sinônimo de privilegiado; logo, de protegido. Assim, diante de alguma situação, o suposto privilegiado diz: *Você sabe com quem está falando? Com um missionário! Não pode acontecer nada de ruim comigo.*

Será assim mesmo? Pensemos na vida de Bezerra de Menezes, que sem dúvida, foi um missionário na Terra e continua a ser no mundo espiritual. O missionário Bezerra de Menezes, auxiliar direto de Ismael, que nasceu com a missão da mais alta relevância na pátria do Evangelho, perdeu 9 filhos, dos 15 que teve. Assim, a primeira coisa que nós temos de afastar é a ideia de missão como privilégio, como imunidade à dor. Muitos pensam que todo mundo pode sofrer, exceto o missionário. O missionário sofre adversidades como qualquer outra pessoa, pelo simples fato de estar mergulhado no mundo corporal, que pode ser comparado a uma navegação em alto e bravio mar. Então, não existe privilégio em missão. Assim, quando ouço: *O Brasil tem uma missão...* dá até um calafrio!

Mas, retomando a questão referente à missão dos espíritos encarnados: "Em que consiste a missão dos espíritos encarnados? Em instruir os homens, em lhes auxiliar o progresso", respondem os espíritos.

Instruir e auxiliar o progresso, por quê? Porque o missionário, ao chegar em uma área, encontra a casa de um jeito; ao sair, a casa está de outro jeito. Isso porque ele agrega valores novos, traz novo jeito, nova configuração; ele auxilia o progresso. Em que consiste a missão, afinal? "(...) em lhes melhorar as instituições por meios diretos e materiais". Porque, por meios indiretos e imateriais os espíritos já fazem; não há necessidade de missionário encarnado para isso. Os espíritos melhoram as instituições de modo indireto e imaterial, inspirando os dirigentes, conduzindo e interferindo energeticamente em circunstâncias. Essas são formas indiretas e imateriais - essa é a missão dos espíritos desencarnados. Todavia, quando há necessidade de uma ação direta e material, a empreitada é do encarnado.

Emmanuel, por sua vez, dizia para Chico: "Vocês clamam por orientação, e nós aqui, Chico, no mundo espiritual, pedimos braços. Vocês querem a direção, mas nós precisamos de mãos. Direção nós já temos, nós já estamos inspirando. Já estamos atuando nas instituições, nas pessoas, nas comunidades, nas famílias; mas falta alguém que ponha a mão na massa e faça acontecer".

A missão do encarnado

A missão do encarnado é uma missão direta e material. "As missões, porém, são mais ou menos gerais e importantes". A generalidade significa que uma pessoa nasce com certa missão em seu bairro, por exemplo. Há outras pessoas que encarnam com a missão em uma cidade, em um estado, em um país; outras com a missão em um continente, e outras, ainda, com uma missão no planeta. Na área médica, na área da arte, da literatura, em uma área específica da ciência, tudo é missão.

"O que cultiva a terra desempenha tão nobre missão como o que governa ou o que instrui". Tem uma missão a pessoa que nasceu com um pedacinho de terra e planta macaxeira, como aquele que nasceu para ser professor ou aquele que nasceu com a missão política a ser desempenhada na esfera do poder.

"Tudo na natureza se encadeia. Ao mesmo tempo que o espírito se depura pela encarnação, concorre dessa forma, para execução dos desígnios da providência". Este recorte guarda uma lição nas entrelinhas. O primeiro resultado concreto da missão é a depuração espiritual do missionário. Por isso ele sofre tanto, porque o primeiro trabalho da missão dele é se depurar. Vamos imaginar que você nasceu com a missão de ser professor no sertão. Você reflete e pergunta: *Nossa, Jesus tem alguma coisa contra mim? Tanta dificuldade, o salário baixo, sem recurso.*

O primeiro objetivo dessa missão é depurar você. Em segundo lugar, e não menos importante que o primeiro, é você cooperar no encadeamento dos desígnios da providência. Cooperar nos desígnios da providência: "Cada um tem neste mundo a sua missão, porque todos podem ter alguma utilidade", questão 573 de O *Livro dos Espíritos*.

Qual é a missão mais importante? A missão mais importante não é a que você recebe, mas aquela que você cumpre. Porque há pessoas que recebem missão grandiosa e, no entanto, falham. Por outro lado, há quem receba uma missão, que aos nossos olhos seja menos importante, e a cumpre. E vai para uma esfera superior.

Humberto de Campos tem um caso curioso de um palestrante que desencarnou, mas não chegou muito bem ao plano espiritual. Após ser acolhido por uma entidade luminosa, ela revelou sua gratidão àquele palestrante: *Suas palavras mudaram a minha vida.* E o palestrante, sem entender, questionou: *Mas, como? É, meu amigo, enquanto você falava, eu fazia.*

Essa história nos faz entender que missão não é privilégio, não é imunidade à dor, nem é destaque. Missão é trabalho, encargo. E quanto maior a missão, maiores os sofrimentos e decepções ligados a ela. E por quê? Porque a missão, primeiramente, depura o missionário, o faz progredir e, simultaneamente, não menos importante, cumpre uma função nos desígnios de Deus. "Ninguém reencarna com a missão de praticar o mal" – questão 390 de *O Livro dos Espíritos*.

O que acontece? Vamos imaginar que uma pessoa encarne com a missão de se casar e ter três filhos, mas ela abandona o lar. Por conseguinte, vem alguém e assume a missão daquela pessoa que abandonou, e a cumpre; ou seja, a vida se desdobrou, se desvelou. Portanto, não há mágica, não há garantia de que alguém que recebeu uma missão vai cumpri-la integralmente.

A questão muda um pouco quando a missão é coletiva. No coletivo, o que vale é a média ponderada do grupo. Em um grupo de mil e quinhentas pessoas, por exemplo, se quinhentas faliram, não significa que o grupo todo faliu. Se mil cumpriram, a missão foi cumprida. A lógica é outra.

A missão espiritual do Brasil

Podemos agora entender por que Emmanuel começa o prefácio do livro *Brasil, Coração do Mundo, Pátria do Evangelho* sem prometer privilégio algum para o povo brasileiro: "Os dados que ele, Humberto de Campos, fornece nestas páginas foram recolhidos nas tradições do mundo espiritual, onde falanges desveladas e amigas se reúnem constantemente para os grandes sacrifícios em prol da humanidade sofredora".

Emmanuel refere-se às falanges espirituais em terras brasileiras. Não podemos pensar que a missão do Brasil esteja nas mãos apenas dos encarnados.

Não é porque 1, 2, 3, 40, 50, 100, 200, 400 políticos estão falhando, que o Brasil está deixando de cumprir sua missão.

Porque a missão espiritual do Brasil é sustentada por falanges espirituais, compostas por Adolfo Bezerra de Menezes, Eurípedes Barsanulfo, Fabiano de Cristo, Jésus Gonçalves, Francisco Cândido Xavier, Divaldo Pereira Franco, Raul Teixeira, Batuíra, Meimei, Humberto de Campos... Eu poderia citar mais de mil nomes de espíritos que compõem uma das falanges espirituais que trabalham no Brasil.

E para auxiliar nesse raciocínio, em *Nos Domínios da Mediunidade*[64], André Luiz nos apresenta Áulus, que conheceu Mesmer na França e aprendeu as técnicas com o grande magnetizador francês. Áulus reencarnou logo em seguida na França e tomou contato com as obras de Allan Kardec; comunicou-se com Victor Hugo e com Balzac, que eram espíritas, e, enquanto encarnado, trabalhou no espiritualismo nos moldes científicos da Europa. Há mais de trinta anos dedica-se à obra de espiritualização no Brasil.

Podemos citar também Dom Pedro II e vários outros, que tiveram, inclusive, papel relevante em momentos políticos definidos no Brasil, fazendo parte das falanges espirituais que se sacrificam. Em *Brasil, Coração do Mundo, Pátria do Evangelho*, Emmanuel esclarece que: "Este trabalho se destina a explicar a missão da terra brasileira no mundo moderno". Ele afirma que cada país tem a sua missão. O Brasil tem a sua também, e todos formam uma grande orquestra que precisa tocar segundo a partitura e o comando de um maestro que se chama Jesus.

E Emmanuel ainda salienta: "Humboldt, visitando o vale extenso do Amazonas, exclamou, extasiado, que ali se encontrava o celeiro do mundo". O que esse

---

64 Francisco C. Xavier/André Luiz. *Nos Domínios da Mediunidade*. FEB Editora.

notável pesquisador percebeu? A faceta material do Brasil, que é assombrosa; pois, se vamos a regiões da África, podemos andar quilômetros e não encontrar nada. Até o lençol freático, que é a água debaixo da terra, está tão profundo, que se torna quase que inviável fazer uma perfuração para ter um poço.

Em contrapartida, no Brasil, podemos encontrar comunidades carentes de recursos materiais, apesar de ser um país rico em recursos naturais. Será que a carência não é educativa? Será que a questão não é ensinar a trabalhar, a utilizar os recursos naturais, a ser previdente? Será que não é a carência emocional que leva essas pessoas ao alcoolismo e ao vício das drogas? Será que não há carência espiritual, fruto de obsessões e perseguições, que conduz milhares de pessoas a uma vida degradante, em todos os aspectos?

Porque não pode, com tantos rios, mares, com tantos peixes em nosso país, existir fome. O problema não é material - é material quando existe escassez. A Alemanha, por exemplo, após o término da Segunda Guerra, ficou em um estado tão devastado, que as famílias alemãs plantavam batata em vasos dentro de casa, e comiam a batata que nascia nos vasinhos. Entretanto, o Brasil não passou por isso. Assim, Humboldt olhou para a Amazônia e falou: "Meu Deus, isso aqui é o celeiro do planeta". Porque ele olhou apenas para a parte material. Atentemos, entretanto, para o comentário de Emmanuel: "O grande cientista asseverou uma grande verdade (...) precisamos, porém, desdobrá-la, estendendo-a do seu sentido econômico à sua significação espiritual".

Em seguida, Emmanuel amplia a sua explanação acerca dos aspectos realmente relevantes da missão do Brasil. "(...) o Brasil não está somente destinado a suprir as necessidades materiais dos povos mais pobres do planeta". Eu sei que você gostaria de algo mais glamouroso, talvez. Lembremos que Jesus se retirou da Jerusalém rica para adentrar a Galileia pobre, composta por trabalhadores, pescadores e lavradores. Jesus tem certa predileção pelos mais necessitados, embora ame todos.

Desse modo, essa é uma missão que o Brasil vai ter de cumprir. Ao observarmos as consequências da ditadura na América Latina, nos deparamos com refugiados venezuelanos, peruanos, bolivianos, cruzando a fronteira e buscando no Brasil trabalho e vida digna, que faltam em seus países. Há, sim, em nosso país, uma missão que é material – a de suprir os pobres mas também de "(...) facultar ao mundo inteiro, uma expressão consoladora de crença e de fé raciocinada". Aqui está a missão do Brasil.

Uma expressão consoladora de crença e de fé raciocinada. Por que de fé raciocinada? Porque a fé sem razão é fé cega. O mundo está cheio de fé: a pessoa que coloca bomba no corpo e mata milhares de pessoas age por fé. Porém, é essa fé que nós queremos?

Não, nós queremos a fé raciocinada; a fé que deu os braços com a razão, uma iluminando a outra. Aquilo que é trabalho para a razão, a razão faz; aquilo que é trabalho para a intuição, a intuição faz.

E "uma expressão consoladora de crença". Porque eu já visitei cidades que realmente me encantaram: *Meu Deus, isso aqui já é a regeneração no planeta. Tudo organizado, tudo funciona; a estrutura urbana maravilhosa, a cidade linda, não tem desemprego, nem carência; um povo educado, culto.* Contudo, nessa sociedade, 30% dos jovens cometem suicídio. A causa estaria em alguma dificuldade de perspectiva de vida, em alguma desigualdade? Não. A causa está na falta da expressão de crença consoladora. E por quê? Se não vibra em sua alma uma crença consoladora, os seus relacionamentos não dão certo; você se suicida, simplesmente porque não está preparado para os embates da vida, para ouvir um "não", para ser rejeitado ou abandonado, porque não tem perspectiva espiritual.

No entanto, de acordo com Emmanuel, cabe ao Brasil "facultar ao mundo inteiro, uma expressão consoladora de crença e de fé raciocinada e a ser o maior celeiro de claridades espirituais do orbe inteiro".

"(...) nestes tempos de confusões amargas (que ele está falando de pré-guerra) consideramos de utilidade um trabalho desta natureza e, com a permissão dos nossos maiores dos planos elevados, empreendemos mais esta obra humilde, agradecendo a vossa desinteressada e espontânea colaboração. Peçamos a Deus que inspire os homens públicos, atualmente no leme da Pátria do Cruzeiro". A obra foi escrita em 38.

"(...) e que nesta hora amarga em que se verifica a inversão de quase todos os valores morais": inversão, porque hoje o chique é ser desonesto; a pessoa vai para a tribuna e diz assim: *Eu não cumpro a lei, me orgulho disso*. E todo mundo aplaude. É a inversão completa dos valores morais.

"(...) no seio das oficinas humanas, saibam eles colocar muito alta a magnitude dos seus precípuos deveres. E a vós, meus filhos, que Deus vos fortaleça e abençoe, sustentando-vos nas lutas depuradoras da vida material". Jesus pede a Ismael para formar uma pátria do Evangelho, fundada na diversidade. E como Jesus idealizou isso? Ele disse para Ismael: "Ismael, traz os africanos, utiliza os índios e traz o povo mais pobre da Europa".

Quem eram os mais pobres? Eram os portugueses. Eram os trabalhadores. Mas, então, o que acontece? Na lei de evolução, quem vem com recurso financeiro e usa mal, pode vir pobre para aprender os valores que a carência transmite. Após receber de novo o recurso, o que faz? Pode errar novamente. Assim, os portugueses, que eram a nação mais pobre da Europa, receberam um país com muitas riquezas naturais. O que eles fizeram? A partir do momento que começaram a enriquecer, passaram a escravizar. Em *Nos Domínios da Mediunidade*, André Luiz relata o atendimento a uma entidade, espiritualmente aniquilada naquele momento, que havia sido um senhor de escravos em Minas Gerais. Um homem financeiramente próspero, que para espalhar o medo, após capturar os escravos fugitivos, os colocava no tronco e lhes queimava os olhos.

Diante do cenário caótico, Ismael, que é o governador espiritual do Brasil, encontrou-se com o governador do planeta, desolado. "Veja o que está acontecendo, índios sendo explorados e mortos, e suas riquezas vendidas; só pensam no ouro".

E Jesus: "Ismael, há uma região do umbral repleta de espíritos caídos, da Europa". Está relatado em *Brasil, Coração do Mundo, Pátria do Evangelho* que Jesus pede a Ismael que vá às furnas e levante a Sua bandeira. E quem seriam os resgatados? Inquisidor, o povo das cruzadas, comerciante de escravo, guerreiro, político corrupto, religioso malsucedido, espíritos sofredores. É importante lembrar que a regeneração começa, primeiramente, no mundo espiritual, para depois se concretizar no mundo físico.

Há outro relato na obra em análise, dessa vez por Humberto de Campos, que conta a trajetória de dois espíritos muito comprometidos perante as leis de Deus. O primeiro deles é Padre Anchieta, que reencarna, faz parte do trabalho e volta em outra oportunidade como Fabiano de Cristo. Também o senador romano Públio Lentulus, que reencarna como padre Manoel da Nóbrega e funda a cidade de São Paulo; desencarna e se torna o guia espiritual de Francisco Cândido Xavier.

A missão espiritual do Brasil possui vínculos com falanges espirituais comprometidas com o progresso, não apenas da pátria brasileira, mas com o progresso humano. Aliás, é preciso que se lembre: quanto mais se apura o espírito, quanto mais iluminado e superior, mais humanitarista mais universal se torna. Seus interesses e preocupações passam a abarcar os interesses da humanidade inteira, porque ele vê em todos os homens irmãos seus, independentemente de gênero, cor, etnia, linguagem, crença. Assim é que esses espíritos atuam em favor do bem comum.

Quando se iniciou a escravidão no Brasil, Jesus determinou que falanges de espíritos sofredores encarnassem em solo brasileiro para realizarem a obra de reconstituição dos seus destinos reconstrução de caminhos e definição de novos rumos da jornada evolutiva. Isso somente se daria em um ambiente fisicamente e espiritualmente propício. O Brasil, por sua vez, representa grande somatória de tendências e forças espirituais.

Há pouco tempo, recebi no *WhatsApp* um áudio com uma fala do próprio Chico Xavier. Na época, ele concedeu uma entrevista e dizia ao repórter que milhões de espíritos, ligados à revolução francesa e à França, encarnaram no Brasil. E um grande percentual desses espíritos atuava no movimento espírita. O que nos chamou atenção na fala de Chico foi a relevância do pensamento de Emmanuel, ao salientar que, embora tais espíritos tivessem no registro de nascimento a nacionalidade brasileira, psicologicamente eram franceses.

O Brasil, em sua formação espiritual, conta com essa peculiaridade. Há algum tempo, a revista *Time* publicou um artigo, que era matéria de capa, em que se podia ver centenas de pequenas fotografias de pessoas. Em algumas, se identificavam os traços asiáticos. Em outras, se identificavam os traços do povo judeu, ou mesmo os traços do povo africano. Também percebiam-se claramente os traços típicos europeus, de determinada região da Europa.

Ao observar aquela capa, poderia se pensar que a matéria tratava das várias etnias do mundo, da riqueza que é o nosso planeta. No entanto, a matéria de capa era: *No futuro todos seremos brasileiros*. Porque todas aquelas fotografias eram de brasileiros. Você anda pelo Brasil, olha para alguém e é capaz de jurar que é um japonês, mas é brasileiro que mora em São Paulo. Você também pode facilmente encontrar alguém e reconhecer os traços da nossa mãe África. Ou, ainda, ter a sensação, ao caminhar para determinadas regiões do Brasil, de que está na Alemanha. Todavia, estamos no Brasil.

E graças a essa mistura espiritual imensa, a essa região que acolheu espíritos de tão variadas tendências, tem-se uma característica que é extraordinária: a troca de experiências, a riqueza do intercâmbio espiritual, que em alguns locais do orbe, ainda não é possível.

Houve em São Paulo uma passeata, uma marcha pela religião sem violência, em que judeus e muçulmanos, católicos e protestantes, espíritas e umbandistas, caminharam juntos. Um judeu, amigo do muçulmano, comendo um pastel em "sampa", é possível; assim também a interação saudável entre as pessoas. É evidente que misturar tanta gente, com tantas tendências, tem também seus aspectos totalmente desafiadores.

Somado a esse desafio, que é a diversidade espiritual dos habitantes, uma das grandes bênçãos do Espiritismo é que ele nos permite novo olhar, uma visão de mundo diferenciada. Eu olho para alguém, mas não me detenho em seu corpo físico, em sua aparência, na atual encarnação dessa pessoa. Não se engane, você pode encontrar pelas ruas da cidade pessoas psicologicamente e espiritualmente francesas, italianas, árabes, porque a sua raiz psicológica, seus laços afetivos e espirituais estão vinculados àquela nação. No entanto, é em terras brasileiras que tais pessoas buscam a reestruturação de seu destino espiritual, uma vez que aqui encontraram situações adequadas para depurar a sua alma. E não raro, situações que depuram o nosso espírito são situações de dor, de adversidade.

A adversidade cria fortaleza moral.

A dificuldade e a escassez, muitas vezes, desenvolvem sobriedade, lucidez. E aquelas situações que nós olhamos com o olhar de encarnado e enxergamos apenas carência, os amigos espirituais olham e enxergam bênção.

Pessoalmente, no exercício da minha profissão - muitos anos atuando como juiz da vara de infância e juventude - chegavam situações em que o jovem vinha de uma família sem problema em relação a recurso material, mas estava totalmente mergulhado nas drogas e no crime, porque tudo que ele havia recebido dos pais se resumia a recurso material. Em outro caso, eu tinha jovem de família extremamente carente, envolvido no crime ou nas drogas por uma questão de falta de vigilância, de companhia; e eu atuava, orientava, e o problema se resolvia, porque, ainda que houvesse carência de recursos, aquele jovem havia recebido valores da família.

Algo tem acontecido nessa transição planetária com a alma dos brasileiros. E essa é uma preocupação que deve merecer de nós, sobretudo de nós, espíritas, um trabalho vigilante e atento. A alma brasileira está sendo contaminada. Nós estamos adotando equívocos que nos fizeram experimentar grandes quedas no passado.

Eu aqui devo, por dever de consciência, agradecer a duas pessoas: à minha mãe e ao meu pai. A minha mãe se chama Nilza Dutra, é analfabeta; nunca pôde frequentar a escola, porque começou a trabalhar no campo aos 7 anos de idade para não morrer de fome, no Vale do Jequitinhonha, norte de Minas Gerais. Passou fome várias vezes, inclusive comigo. E meu pai, um homem que tinha estudado até a quarta série; depois estudou mais porque precisava conseguir emprego em uma fábrica. Teve de fazer supletivo em uma época difícil, porque sempre foi comerciante. Descendentes de portugueses e sírio-libaneses, jamais puderam me dar recurso material algum. Aos 14 anos de idade, eu tive de trabalhar para me sustentar. Contudo, o que meus pais me deram foi o que eu não tive em vários séculos de encarnações de queda, porque recebi deles valores que representam a alma do povo brasileiro. Hoje, minha mãe é interpelada nas ruas: *A senhora que é mãe do Haroldo? A senhora poderia dar um autógrafo?*

Ela fica sem entender. E eu digo a ela que *apenas estou seguindo o que a senhora sempre fez*. Sempre insistiu para que eu estudasse e superasse aquelas condições de adversidade.

Há pouco tempo, nós fizemos um evento em Poços de Caldas e meu pai compareceu e ficou impressionado, porque ele é do interior e não tem intimidade com congressos ou com multidão. Ele ficava sentado, olhando aquele mundo de gente, sem entender. Eu disse: *Pai, não é nada além do que o senhor faz atendendo as pessoas no seu comércio.*

Trata-se de valores espirituais que nos formaram. Mas, o que aconteceu? Nós, brasileiros, hoje estamos inseguros quanto ao que é valor e ao que não é valor. Então, me recordo do grande professor Darcy Ribeiro, em um discurso na UNB: "Se vocês, governantes, não investirem nas escolas, daqui a uns anos, não vai ter dinheiro para construir presídio". E a profecia se cumpriu. Em Minas Gerais, o sistema prisional está falido. Não há onde colocar tanta pessoa enredada no crime.

E nós, muitas vezes, priorizando os valores materialistas e descartando aquilo que realmente tem valor.

Essa é a grave transição em que vivemos, que se soma a um fato espiritual. Transição planetária é seleção de espíritos. Porque serão selecionados os espíritos sem a mínima condição de permanecer na Terra e os espíritos que têm mais ou menos condição de permanecer. Trata-se de uma seleção pedagógica, porque aquele que não apresenta a mínima condição de acompanhar a Terra será conduzido a outro ambiente que lhe dê condições espirituais, não materiais, de se desfazer do seu embrutecimento.

Sabe como é feita a seleção? *Self-service*. Durante a sua encarnação, você vem com seu prato, escolhe o que pôr nele e depois passa pela balança. Dependendo do que você colocou no prato, será definido seu destino. É mais justo, é mais misericordioso. Então, reflitamos: nas décadas de 40, 50, o umbral do Brasil começou a ser esvaziado para ceder espaço para a reencarnação coletiva de espíritos com muita dificuldade moral. Conclusão: da década de 40 até hoje, o Brasil experimentou a maior escalada de degradação urbana nunca antes vista. Compare uma fotografia de alguma cidade na década de 40 e olhe hoje. Os grandes problemas urbanos, a partir das décadas de 40 e 50, começam não apenas no Brasil, mas no mundo o maior câncer da sociedade humana encarnada. O uso e o tráfico de drogas ilícitas, a escalada dos entorpecentes. Não é que não havia entorpecentes; não havia à proporção que tem hoje. Mais de 80% dos crimes cometidos por dia são decorrência direta do tráfico de drogas ou do uso de drogas lícitas e ilícitas.

Os conselhos de criminologia já fizeram estudos – se os bares fossem fechados às 9 horas da noite, o índice de homicídio cairia 20% ou mais, porque a pessoa começa a beber, tem os ânimos exaltados e, para chegar a um crime, basta um passo. Caso fosse possível tirar o tráfico e uso de drogas, porque se trata de um comércio, 85% da criminalidade cairia de um dia para o outro. Então, degradação urbana, drogas; em contrapartida, em nível das artes da literatura e da cultura, uma queda vertiginosa.

Vivemos o culto à mediocridade. Não precisa ter talento, basta ser exótico. É notório que essa degradação cultural, intelectual, está relacionada com o nível dos espíritos que encarnaram e encarnam.

O grande problema é que as instituições religiosas, educacionais, comunitárias, que precisavam se fortalecer para cumprir uma missão e, sobretudo, as instituições públicas, estão infectadas por um vírus que vou chamar, em linguagem bíblica, de "culto ao bezerro de ouro". Enquanto Moisés subia a montanha para buscar nas fontes da espiritualidade, o povo cultuava um bezerro de ouro. E hoje, nós vivemos a corrida do ouro. Homens públicos, por exemplo, assumem um cargo, não porque têm vocação política ou social, mas por quererem ganhar dinheiro fácil. Contrariamente, no século passado, nós tínhamos um espírito da envergadura de Bezerra de Menezes se candidatando a um cargo público. Bezerra de Menezes foi deputado, e foi por vocação política, pelo desejo de servir a comunidade.

Todas as nossas escolhas, neste momento de transição, estão pautadas em função de um parâmetro financeiro. É um fenômeno social. Jovens de 15 anos ganhando dinheiro por meio de visualizações no *You-*

Tube. Músicas de conteúdo sexual levando jovens de 14 a ostentar colares, relógios de ouro, os símbolos de Mamon. O dinheiro é considerado uma bênção somente nas mãos de quem tem espiritualidade interior. Por outro lado, nas mãos de quem não tem equilíbrio moral, psíquico e espiritual, é pura presunção infantil.

Em nossa sociedade, as pessoas simples não têm relevância porque não dispõem de recurso material para ostentar. No entanto, muitas delas "carregam" o Brasil nas costas, sustentam espiritualmente essa nação. E mesmo no nosso movimento espírita, quem sustenta espiritualmente o movimento é aquele anônimo que está lá na casa espírita, que abre a casa espírita todo dia, que limpa, que prepara e também recebe as pessoas. O nome dele não está no *Facebook*, no *Instagram*, ou no *YouTube*; você não sabe o nome. Contudo, a casa só está funcionando por causa dessas pessoas.

E nesses tempos de transição, quando enxergamos a devastação, devemos nos lembrar de que estamos sendo carregados por aqueles que ainda mantêm os valores do Evangelho.

Incorremos no risco do maniqueísmo[65], que nos levou às cruzadas, à inquisição; que nos levou para todos os movimentos destruidores. Que é separar a sociedade: o malvado e o bonzinho. Mas, quando temos contato com o malvado, percebemos que ele é igual a mim, igual a você. Que ele é uma pessoa comum, equivocada, mas comum. Vítima de profunda ilusão. Uma pessoa movida pelos mesmos sentimentos que todos nós – quer prosperidade financeira, destaque na comunidade; quer pertencer, se destacar, exibir patrimônio, mas por ter nascido em contexto providencialmente adverso, elege meios tais quais a criminalidade, o descompromisso ético e moral. Mas, mesmo assim, não deixa de ser uma pessoa comum.

Precisamos deixar de culpar o partido político X ou Y, a classe profissional X ou Y. Precisamos substituir a palavra *culpa* por *responsabilidade*. Conhecimento e encargo geram responsabilidade. E hoje nós estamos sendo convocados pela espiritualidade a assumir responsabilidades, sabendo que, espiritualmente, cada um de nós prestará contas de sua administração. Porque o universo é moral, dizia Desmond Tutu. E está na terceira parte de O *Livro dos Espíritos*, "As leis morais", que o universo é moral. Existem parâmetros e eles foram criados por Deus. Valores.

---

[65] Maniqueísmo é a ideia baseada em uma doutrina religiosa que afirma existir o dualismo entre dois princípios opostos, normalmente o bem e o mal.

Princípios. Que não estão relacionados a regras e fanatismo.

Por exemplo, o princípio do esforço próprio. É um princípio. Ao lado, há o princípio da cooperação, pois ninguém se faz sozinho. Mas, também, ninguém faz nada de valoroso sem esforço. E hoje nós queremos viver sem esforço.

Nós estamos cientes de que caminhamos em meio a uma heterogeneidade de caracteres e de níveis de evolução espiritual. Isso significa que do meu lado pode ter uma pessoa em um nível de espiritualidade muito acima do meu ou muito abaixo. Portanto, eu preciso caminhar e me movimentar com segurança; o que equivale a dizer: o Brasil tem uma missão? Tem. O Brasil tem um compromisso com valores espirituais. Missão como encargo, como algo que se desdobra na dinâmica reencarnatória, em que você vai cumprindo seus deveres, e a providência divina vai ampliando.

E você pode, em determinada encarnação, dar um grande passo de reequilíbrio e de reestruturação de seu destino, porque é outro princípio da providência divina que nosso destino pode ser reconstruído. Essa esperança que nos move. Temos um patrimônio que nos permite ver a vida de uma perspectiva muito rica. Por que, então, não a colocar a serviço de nossas práticas?

Para encerrar este capítulo, quero dar meu testemunho. Muitas pessoas me perguntam em que o Espiritismo contribui para o exercício da minha profissão como juiz. Primeiramente, eu não preciso, por enquanto, ser internado no hospital psiquiátrico. O Conselho Nacional de Justiça fez um estudo das licenças de saúde de magistrados, e 60% são licenças psiquiátricas. Eu ainda não tirei, estou bem. Ao encontrar uma turma de 52 colegas, constatei que 30 somente dormem com o auxílio de medicamento. Por quê?

Imagine você, na função de um juiz, receber um processo da morte de crianças em uma creche. Imagine você tendo de ouvir as testemunhas, ver todas as fotos, ler os exames de necropsia de cada uma das crianças, considerando-se os mais de 5 mil processos que você tem para analisar. Muitos adoecem. Então, se você não tem suporte espiritual, você sucumbe. Como também é difícil passar por um câncer, por uma doença grave, ou outras dificuldades, se não "tem a bênção de uma crença consoladora e de uma fé raciocinada", de que nos fala Emmanuel.

Portanto, transição planetária e missão do Brasil podem ser vistas com os pés no chão. Os espíritos superiores não virão aqui fazer a experiência que nos compete. Enquanto indivíduos e comunidade, nós devemos galgar a nossa evolução, mas sempre inspirados, amparados e sustentados por eles. Todavia, alguém tem de pôr a mão na massa. Precisa fazer, resgatar a nossa genuína vocação para a diversidade, a simplicidade, o esforço e por que não? Para esse jeito brasileiro que sabe deixar que as abóboras se ajeitem enquanto a carroça anda.

Vamos viver com dignidade, seriedade, fazendo tudo que for possível e estiver ao nosso alcance para que o melhor se concretize. Nós temos um compromisso e, pessoalmente, acredito que o Espiritismo está sendo convocado. Nesta hora grave do Brasil e do mundo, há uma obra educativa de vastas proporções.

Chegou o momento de alimentar o espírito com valores e princípios, sem deixar de alimentar e curar o corpo. Receber do mundo espiritual auxílio na cura de uma doença é uma bênção, uma dádiva, uma alegria. Receber uma cesta básica, um recurso material, é igualmente uma bênção, sobretudo, se está na necessidade.

Acontece que, não importa quantas cestas básicas você receba e quantas vezes seja curado, seu corpo vai morrer. Isso significa que uma tarefa mais permanente e prioritária precisa ser assumida por nós, espíritas – a tarefa de educação do espírito para a imortalidade. Com todas as consequências que daí advêm.

Porque uma alma educada para a imortalidade sabe viver bem, com ética, de modo digno, pois sabe que vai viver para sempre.

Porque não
importa a
quantidade,
o que vale é
a qualidade.

CAPÍTULO 15

TRABALHADORES DA ÚLTIMA HORA

No capítulo 18 de *A Gênese*, Kardec nos fala dos sinais dos tempos: "São chegados os tempos, dizem-nos de toda as partes, marcados por Deus, em que grandes acontecimentos se vão dar para regeneração da humanidade". Quando pensamos em Transição Planetária, qual é o *deadline*? Qual é o tempo?

É o seguinte: quantos dias tem uma semana? Sete. A cada sete dias, a revelação do *Velho Testamento* manda parar, que é o *shabat*. O que é o *shabat*? É o dia da conexão com Deus. Você se desconecta de tudo para se conectar apenas a Deus.

Mas, se você for no Salmo 93 e na segunda epístola de Pedro, capítulo 3, versículo 8, Pedro vai dizer assim, repetindo o salmo (falando sobre o mundo de transição): "Sabendo primeiramente isso (...) mil anos para o Senhor é como um dia, e um dia é como mil anos".

1000 anos = 1 dia e
1 dia = 1000 anos

Se um dia corresponde a mil anos, quanto será uma semana de mil anos? São sete mil anos.

1 semana = 7000 anos

Na obra *A Caminho da Luz*[66], Emmanuel chama os degredados[67] do sistema Capela, que vieram habitar a Terra, de raça adâmica. Nas questões 50 a 54, de *O Livro dos Espíritos,* Kardec faz duas perguntas desconcertantes: "Adão foi o primeiro homem que

---

66 Francisco C. Xavier. Emmanuel. *A Caminho da Luz*. FEB Editora.

67 Na obra *A Caminho da Luz*, Emmanuel esclarece que Capela passou de mundo de provas e expiações para mundo de regeneração, e os espíritos que não estavam acompanhando a evolução do planeta foram exilados para o planeta Terra, dando origem aqui às grandes civilizações.

viveu na Terra?" Os espíritos falam: "Não foi nem o primeiro, nem o único". A segunda pergunta: "Em que época viveu Adão?" Podemos pensar: *Ah! Não é possível! Será que ele não leu a anterior?* O mais incrível é que os espíritos dizem: "Mais ou menos na época em que lhe assinalais quatro mil anos antes do Cristo".

Que Adão seria esse? Refere-se ao ciclo do degredo; não ao ciclo todo, porque há quatro mil anos antes da vinda do Cristo, começou a última semana do mundo de provas e expiações. Esclarece Emmanuel em *A Caminho da Luz,* que há quatro mil anos antes da vinda do Cristo, foi feita uma seleção, e uma parcela dos espíritos que foram degredados para a Terra voltaram para Capela, quase todos os egípcios, uma parte razoável dos hindus, muito pouco dos hebreus e arianos, ficando a "rapa da panela". Foi nesse momento que começou o projeto de resgate dos caídos pela segunda vez, que é o projeto resgate de Adão, ou seja, da raça adâmica.

Quatro mil anos antes de Cristo, dois mil anos depois de Cristo, sexto dia, a Terra vai entrar em um *shabat.*

$$4000 \; a.C + 2000 \; d.C = 6000 \; anos$$

Está no *Evangelho de Lucas*[68] e no *Apocalipse*[69]. E Kardec também fala da convalescença. Ismael, espírito protetor do Brasil, antes da Codificação, um pouco antes de 1831 e antes de se encerrar o primeiro reinado, reúne a plêiade de espíritos que cooperam com ele e diz: "Não ignorais que estamos no século do advento do Consolador, serão cem anos preparatórios, dos próximos cem anos". O *Livro dos Espíritos* foi publicado em 18 de abril de 1857.

1857 + 100 = 1957

1957 + 100 = 2057

No programa Pinga-Fogo[70] perguntaram a Francisco Cândido Xavier: "Chico, em que data aproximada entraremos na regeneração?" Resposta de Chi-

---

68 Ouvireis falar de guerras e rumores de guerras, olhai, não vos assusteis, pois será necessário que aconteçam essas coisas, mas ainda não é o fim. Levantar-se-á nação contra nação, povo contra povo, haverá grandes terremotos, epidemias e fome em vários lugares. Coisas espantosas acontecerão e haverá grandes sinais nos céus! *Lucas, capítulo XXI, versículos 9/11.*

69 Então ouvi grande voz vinda do trono dizendo: Eis o tabernáculo de Deus com os homens, porque Deus habitará com eles. Eles serão povos de Deus e o próprio Deus estará com eles. Ele enxugará dos olhos todas as lágrimas e a morte não existirá já que não haverá luto, nem pranto, nem dor porque tudo já passou. *Apocalipse, capítulo XXI, versículos 3/4.*

70 Pinga-Fogo foi um programa de televisão veiculado pela extinta TV Tupi Canal 4 de São Paulo. Estreou no ano de 1955 e terminou no início da década de 1980. Fonte: Wikipédia.

co: "Emmanuel nos diz que por volta de 2057". Um dia tem vinte e quatro horas. Voltando ao raciocínio de que, para Deus um dia é igual a mil anos... Quanto vale a hora? Pensemos: 1000 dividido por 24 resulta em 42 anos. Portanto, 2057 menos 42 é igual a 2015.

$$1000 : 24 = 42$$
$$2057 - 42 = 2015$$

Meus amigos, bem-vindos! Nós somos os trabalhadores da última hora! Isso significa que, o que não foi feito em seis mil anos, nós teremos de fazer em quarenta e dois. Por quê? Porque não importa a quantidade, o que vale é a qualidade. Se você for um verdadeiro espírita nessa encarnação, vale 20 encarnações. Caso você consiga cumprir o seu papel em quarenta anos, em uma vida, pode significar um trabalho que esteja fazendo há séculos, porque a transformação moral não é um processo linear; uma vez que se transforma moralmente, você dá um salto.

Os últimos serão os primeiros, os primeiros serão os últimos, porque não importa se você começou há seis mil anos. Seria como aquela pessoa que tem cinquenta anos de empresa e é o pior funcionário, porque tempo não é sinônimo de competência. Pode ser um indício de competência, mas não é equivalente. O tempo é sinônimo de competência apenas se você usou cada minuto para se aprimorar. Então, quem recebe o salário primeiro? Os trabalhadores da última hora.

Os arianos vão se reconectar com sua origem espiritual. Vão abrir o cofre e deixar o coração bater; vão entrar em contato com seus sentimentos, perceber que Deus é um Pai amoroso. E os povos vão se dar as mãos para limpar os destroços, as ruínas e construir um novo mundo, em que o progresso civilizatório ande de mãos dadas com o progresso moral. Nesse dia, todos seremos irmãos, teremos educação, cultura, arte. Todos seremos religiosos, bondosos, amorosos, felizes, alegres, sem excesso. Nós nos amaremos, teremos relacionamentos profundos, respeitosos, intensos. Jamais levantaremos a nossa mão para ferir alguém, jamais prejudicaremos o nosso semelhante.

Nesse dia, o Cristo vai dar uma festa: a festa espiritual da regeneração da Terra. Ele está recrutando; ainda há tempo de entrar nas filas e ajudar no projeto. Você não precisa fazer nada de mágico, basta fazer o que nasceu para fazer. Mas faça! Você nasceu para ser enfermeiro? Seja um enfermeiro. Nasceu para ser um músico? Seja um músico. Não importa.

Faça o que você nasceu para fazer com espiritualidade, com dignidade moral, com respeito ao outro.

Chegamos ao final deste livro, quero convidá-lo a trabalhar pelo bem comum, pois nós temos de construir um mundo para todos. Chega de querer fazer um paraíso apenas para nós; esse foi o erro dos hebreus e dos egípcios. Em verdade, quando Deus os expulsou do paraíso (Capela), o que Ele queria mesmo é que a Terra inteira fosse transformada no Jardim do Éden, mas para isso, Ele precisa de jardineiros.

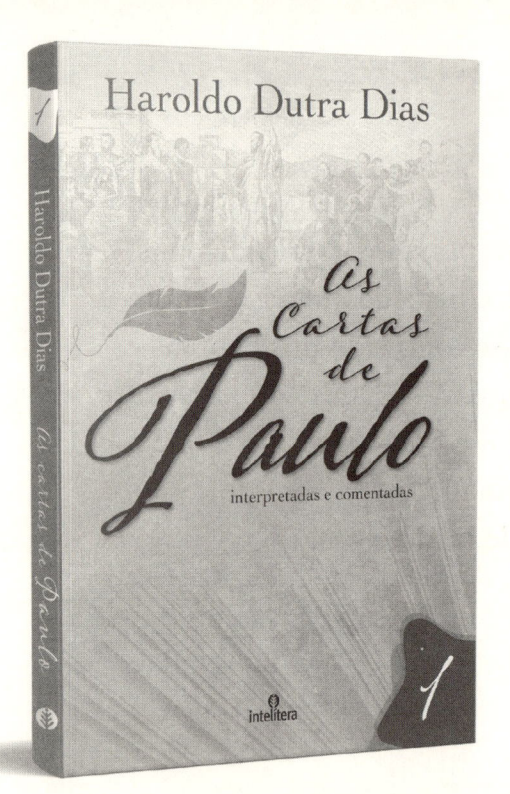

As Cartas de Paulo
VOLUME 1

Haroldo Dutra Dias em incansável, inspirada e didática pesquisa traz sua interpretação e comentários sobre alguns trechos significativos dos textos de as *Cartas de Paulo*, que foram traduzidas por ele diretamente do texto original em grego para a língua portuguesa.

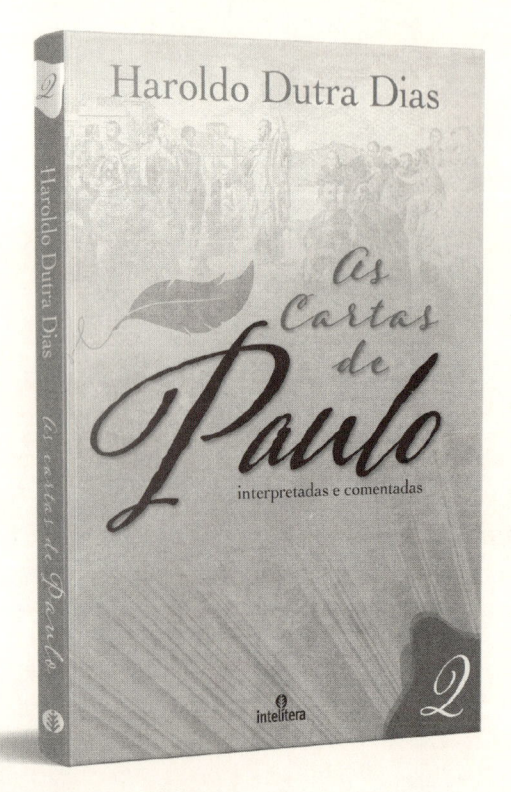

As Cartas de Paulo
VOLUME 2

Ao empregar, como bússola, principalmente, o Pentateuco Espírita, compilado por Allan Kardec, e a rica literatura produzida por Emmanuel, por meio do médium Francisco Cândido Xavier, Haroldo Dutra extrai a essência, os significados mais profundos, atribuindo sentido aos impressionantes textos das Cartas do apóstolo dos gentios.

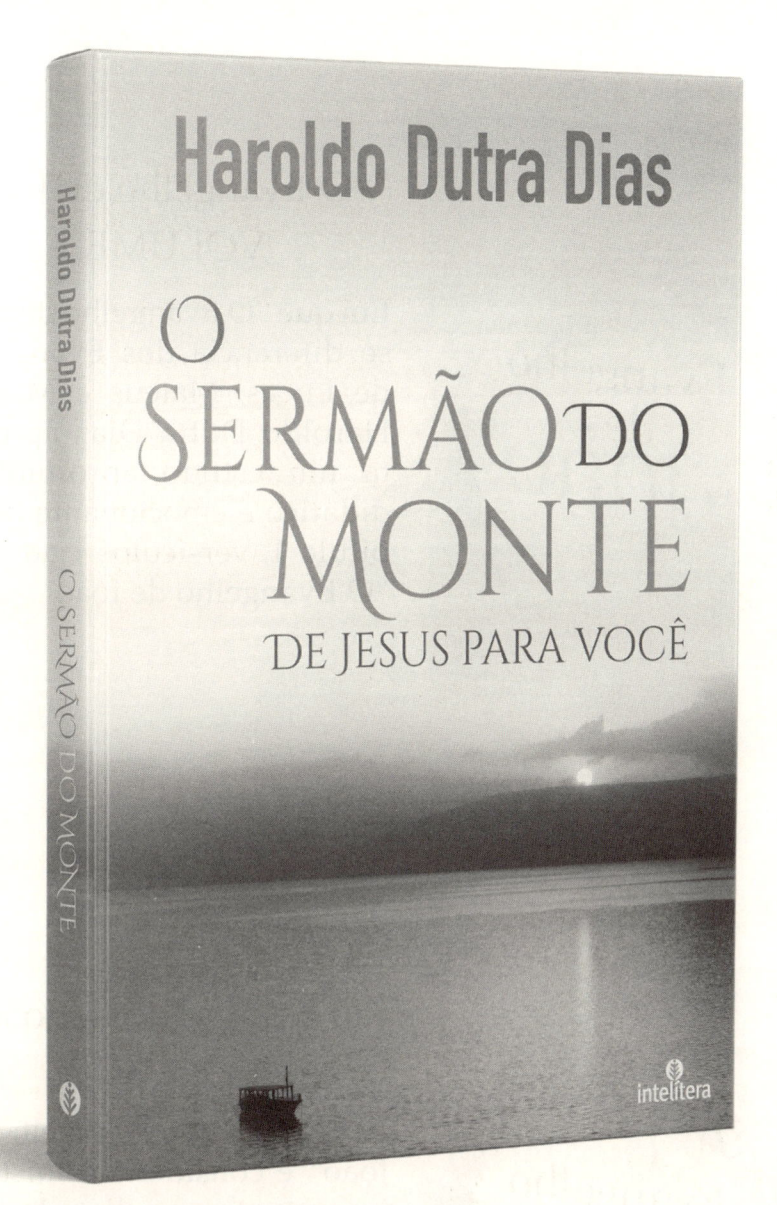

O Sermão do Monte
Haroldo Dutra Dias

É possível aplicar os ensinamentos de Jesus em nosso dia a dia para termos uma vida melhor? Sim, é possível. É o que o incansável e inspirado Haroldo Dutra Dias, de forma leve e profunda, demonstra em cada página deste maravilhoso livro.

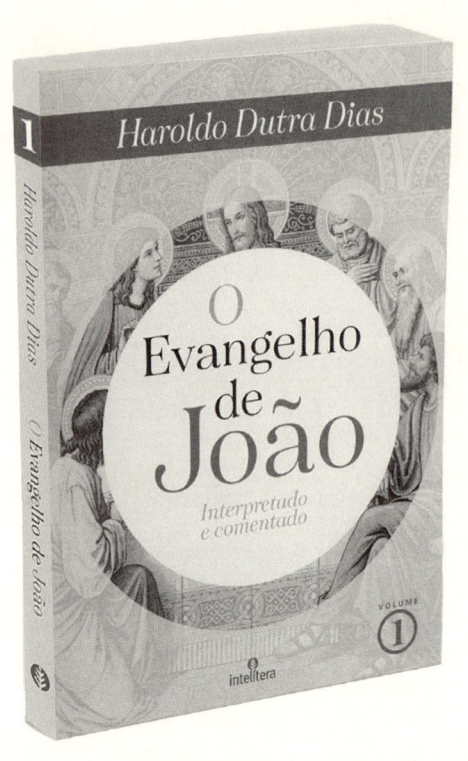

O Evangelho de João VOLUME 1

Em que "O Evangelho de João" se diferencia dos Evangelhos de Lucas, Mateus e Marcos? Haroldo Dutra Dias apresenta um estudo aprofundado, didático e emocionante do capítulo 1, versículos 1 ao 18 de "O Evangelho de João".

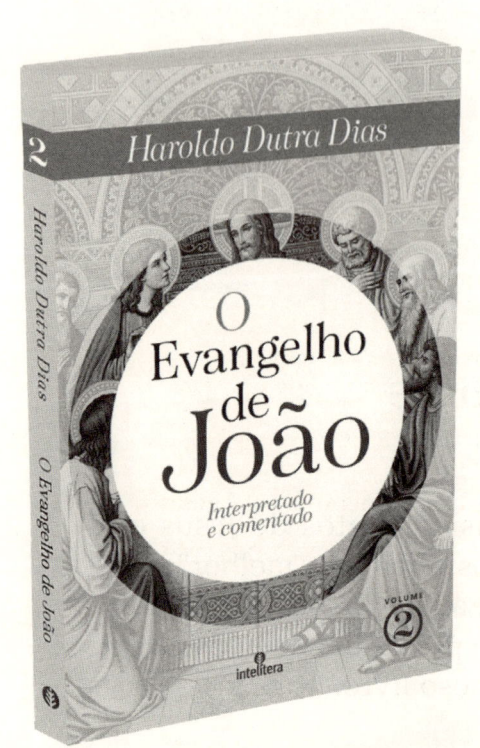

O Evangelho de João - VOLUME 2

Por que "O Evangelho de João" é considerado místico e importante nos dias de hoje? Haroldo Dutra Dias apresenta um estudo aprofundado, didático e emocionante do Capítulo 1, versículos 19 a 51 de "O Evangelho de João".

intelítera
editora

Obrigado por comprar uma cópia autorizada deste livro e por cumprir a lei de direitos autorais não reproduzindo ou escaneando este livro sem permissão.

Intelítera Editora
Rua Lucrécia Maciel, 39 - Vila Guarani
CEP 04314-130 - São Paulo - SP
(11) 2369-5377 - (11) 93235-5505
intelitera.com.br
facebook.com/intelitera
instagram.com/intelitera

Os papéis utilizados foram Chambril Avena 80g/m² para o miolo e o papel Cartão Eagle Plus High Bulk 250g/m² para a capa. O texto principal foi composto com a fonte Sabon LT Std 13/18 e os títulos com a fonte Museo Sans 34/40.

Editores
Luiz Saegusa e Claudia Zaneti Saegusa

Direção Editorial
Claudia Zaneti Saegusa

Capa
Mauro Bufano

Projeto Gráfico e Diagramação
Casa de Ideias

Imagens
Shutterstock - por agsandrew e
Shutterstock - por Triff

Preparação de Texto e Revisão
Rosemarie Giudilli

Segunda Revisão
Clara Tadayozzi

Colaboração
Ivana Raisky, Silvia Tadayozzi
e Yasmin Tadayozzi

Finalização
Mauro Bufano

Impressão
Lis Gráfica e Editora

8ª Edição
2025

Esta obra foi editada anteriormente, com outra capa, mesmo conteúdo e título.

Despertar - O segredo da reforma íntima
Copyright© Intelítera Editora

Dados Internacionais de Catalogação na Publicação (CIP)
(Câmara Brasileira do Livro, SP, Brasil)

Dias, Haroldo Dutra
    Despertar : nossos desafios na transição planetária / Haroldo Dutra Dias -- São Paulo : Intelítera Editora, 2020.

    ISBN: 978-65-5679-000-8

    1. Espiritismo   2. Transição planetária I. Título.

20-36099   CDD-133.9

Índices para catálogo sistemático:
1. Transição planetária : Espiritismo   133.9
Cibele Maria Dias - Bibliotecária - CRB-8/9427

Para receber informações sobre nossos lançamentos, títulos e autores, bem como enviar seus comentários, utilize nossas mídias:

🌐 intelitera.com.br
✉ atendimento@intelitera.com.br
▶ youtube.com/inteliteraeditora
📷 instagram.com/intelitera
f facebook.com/intelitera

Redes sociais do autor:

🌐 haroldodutradias.com.br
▶ youtube.com/HaroldoDutraDiasOficial
📷 instagram.com/haroldodutradias
f facebook.com/haroldoddias

Esta edição foi impressa pela Lis Gráfica e Editora no formato 160 x 230mm. Os papéis utilizados foram Chambril Avena 80g/m² para o miolo e o papel Cartão Eagle Plus High Bulk GC1 Lt 250 g/m². O texto principal foi composto com a fonte Sabon LT Std 13/18 e os títulos em Museo Sans 34/40.